理论与实践并行的学校体育学

李　莉　著

中国纺织出版社

内容简介

众所周知，学校体育学是进行学校教育的重要组成部分，在整个学校教育的过程中运用身体运动、卫生保健等手段，对学生施加影响，促进其身体与心理全面健康地发展。本书首先阐述了学校体育学的一些基本理念，包括概念、研究对象、思想变迁等内容，然后从学校体育学的课程教学、学校课余体育、体育教师、体育教学的设计与评价等方面进行研究，最后从实践的角度出发，全面分析了学校体育学中的羽毛球教学与乒乓球教学。理论与实践相结合，全面体现本书的科学性与实践性，本书的主要针对人群为高校体育教师，或可作为学校体育学研究者的参考用书。

图书在版编目（CIP）数据

理论与实践并行的学校体育学／李莉著. －－北京：中国纺织出版社，2019.1
ISBN 978－7－5180－4492－4

Ⅰ.①理… Ⅱ.①李… Ⅲ.①高等学校—体育教学—教学研究 Ⅳ.①G807.4

中国版本图书馆CIP数据核字（2017）第317116号

责任编辑：武洋洋　　责任印制：储志伟

中国纺织出版社出版发行
地址：北京市朝阳区百子湾东里A407号楼　邮政编码：100124
销售电话：010－67004422　传真：010－87155801
http：//www.c－textilep.com
E－mail：faxing@c－textilep.com
中国纺织出版社天猫旗舰店
官方微博 http：//www.weibo.com/2119887771
北京虎彩文化传播有限公司印制　各地新华书店经销
2019年1月第1版第1次印刷
开本：710×1000　1/16　印张：12.00
字数：200千字　定价：59.00元

前　言

学校体育学是研究学校体育工作的基本规律，阐明学校体育工作基本原理与方法的一门学科，是培养各级体育师资，组织和实施学校体育工作所开设的一门专业基本理论课程。显然，学校体育是体育科学与教育科学交叉的，以现代教学论为一般理论基础的一门新兴学科。

为了进一步增进人们对于学校体育学理解的深度与广度，特撰《理论与实践并行的学校体育学》一书，本书最大的特点就是将理论与实践进行有效结合，在实践部分中，以足球与羽毛球教学为例，为广大师生提供更加直观的学习手段。本书遵循科学性、系统性以及时代性相结合的原则，对学校体育教学的理论及实践相关内容进行细致深入的论述。

本书共分为六章，从理论入手，由浅入深，逐步引入实践。第一章主要阐述学校体育学概论，包括学校体育学溯源、地位与作用；第二章主要阐述学校体育的功能、结构与目标；第三章主要阐述学校课余体育研究，包括学校课余体育理论、班级体育活动与课间操、学校运动会与运动训练；第四章主要阐述体育教师，包括体育教师的综合性分析、课堂管理、教学工作、培训与学习；第五章主要阐述体育教学的设计实施与评价，包括体育教学的设计与实施、体育教学的评价；第六章主要阐述学校体育教学实践之案例分析，包括足球与羽毛球教学案例分析。

本书在撰写过程中借鉴了一些相关专家学者的理论和研究数据，在此向他们付出的辛勤劳动表示感谢！由于作者水平所限，书中难免会有疏漏之处，真诚希望广大读者予以批评指正。

作者

2018年9月

目　录

第一章　学校体育学概论

学校体育学是研究学校体育工作的基本规律，阐明学校体育工作的基本原理与方法的一门学科。本章主要阐述学校体育学的历史发展过程以及学校体育的地位与作用两个方面，旨在进一步增进人们对学校体育学的理解深度与广度。

第一节　学校体育学溯源

一、国外学校体育学的产生与发展

西方奴隶制国家关于教育多来源于古希腊的教育，其中关于体育的教育思想也相当丰富。随着社会制度的改变，在资本主义时期的不同发展阶段，学校体育的概念被提出并逐渐实现。

（一）国外学校体育学的产生

在漫漫的历史长河中，人类创造了大量丰富多彩的文化，其中，体育在人类的发展史中可以成为最原始的文化之一。早在原始时期，人类尚在从事社会劳动时就已经出现了体育的雏形，如传统的游戏和竞技项目等。随着历史的发展，“文明”逐渐出现，尤其是古老的文明国家的创建，带来了社会制度的转变（由原始时期进入奴隶制社会），而这一时期文字的发明则促使以文字为基础的教育启蒙场所——学校产生。例如，古埃及、古巴比伦、古印度相继创建了宫廷学校、祭司学校、神庙学校、古儒学学校等。这是学校体育产生的最基本的条件。早期学校体育的萌芽在奴隶主以及贵族子弟才有资格进入学习的宫廷学校的教育课程中有所显现，如在古印度的宫廷学校中，王子和贵族子弟都被要求学习射箭、标枪、刀剑等。

古希腊的教育理论可以算是西方国家教育的摇篮，作为尚为奴隶制度的西方国家的完整且典型的象征，古希腊教育曾一度发展到古代教育的高峰。其中论数古希腊的各个城邦，斯巴达和雅典的教育方式都称得上是典型。

在古希腊的各个城邦中，斯巴达是典型的军事化国家，在其中的每个公民都被列入军队士兵的范畴，包括七八岁的儿童。因此，斯巴达的教育方式几乎都是围绕军事教育开展的，想要通过严格残酷的军事体育的锻炼方法将斯巴达的士兵培养成身体健硕的武士，而对于文化的学习在斯巴达根本不能引起重视。斯巴达的主要军事体育的训练项目包括赛跑、跳跃、角力、掷铁饼、投标枪，被称为“五项竞技”，除此之外，还要学习骑马、游泳、作战游戏与击剑等项目。可以说，斯巴达的教育是非常极端化的，只重视军事体育的教育，对其他的教育一概忽略。

与斯巴达的教育理念不同，雅典的教育方式更偏重于课程的多样化和灵活化。按照受教育学生的年龄来划分，雅典的学校可分为四个层级：第一层级为 7 岁的儿童学习文化和音乐知识的文法学校和音乐学校，在此层级的学校中，也会教导孩子们进行一些基本的体育活动，像跑步、跳远、游戏以及站立行走的基本仪态姿势的练习；第二层级为 12 岁的青少年专门进行体育活动学习的体操学校，包括五项竞技项目（赛跑、跳跃、角力、掷铁饼、投标枪）和游泳、舞蹈等丰富体育学习生活的项目；第三层级为极少数的贵族男青年学习各项知识的国家体育馆，这类学校由国家创办，专为贵族阶级服务，学生在学习体育、文法、哲学、音乐、舞蹈等学科知识的同时，还要参加国家庆典和宗教仪式，与执政长官和高级官吏经常交流政治和哲学方面的问题；第四层级为成年后的公民专门学习军事体育教育的青年军事训练团。在学校体育的教育上，雅典主张精神锻炼要重于单纯的身体的锻炼，并且要积极和文法学校、音乐学校的教育相结合，在发展体育教育的同时，要注重道德教育。

综上所述，在奴隶制社会中，作为体育教育的主体多是带有浓烈军事色彩的学校体育，其教学内容和指导思想在一定程度上都被历史的发展所限制。尽管如此，古希腊的学校体育可以说已经由萌芽阶段发展到十分完备了，为后世学校体育的进一步演化，提供了完整的参考模板。

（二）国外学校体育学的发展

1. 古希腊时期到中世纪神学统治时期

在希腊化时期，由于罗马帝国的入侵，希腊逐渐失去自主独立，其在文化教育上开始和东方文明相结合，在文化的形式和内容上都有了较大的改变。其中，作为保卫国土和外出征战而参加军事体育在其教育内容上也发生了很大的改变，由原来主要为军事活动服务改为保障学生身体健康。由于军事训练所占比例越来越小，慢慢地退出了体育教学的内容，同时学校体育也逐渐摆脱了军事教育的色彩，回归到学校体育的本质。这一时期主要提出的学校体育教育思想主要是以体育锻炼加强学生的身体素质，对以往的仅服务于军事的学校体育有了重大的思想上的超越。

2. 文艺复兴时期到资本主义初期

14 世纪起，欧洲各国开展了文艺复兴运动，这无疑是西方思想上的一次巨大的冲击，使人们对世界有了新的认识。凭借这股新的思想潮流，学校体育又开始焕发出新的光芒。在一些新办的学校中，学校体育得到了普遍的重视。例如，意大利的人文主义教育家维多利亚在其创办的被称为“快乐之家”的孟都亚宫廷学校中就极力推崇学校体育教育，他认为：“教育的最终目的，应是培养精神、身体、道德都充分发展的人。”“体育应被看成高尚的、与科学知识教育并重的教育内容。”

文艺复兴运动在开始后的两个世纪里达到了其高潮，在此期间，欧洲还爆发了一场宗教改革运动。这次的宗教改革将学校体育推向了世界范围，其中捷克著名的教育家夸美纽斯关于学校体育提出了“适应自然”的思想原则，他将人文主义者、宗教改革者和耶稣会在体育教育上的通过实践和理论相结合所得的成果加以继承和发扬，使得学校体育不再局限于教育贵族的范围内。因此，夸美纽斯被称为“近代学校体育之父”。

3. 自由资本主义时期

19 世纪初期，体操这一项目先后被丹麦、瑞典、德国等西方国家定为中小学期间必修的课程；第一次世界大战时期，许多西方国家颁布了关于学校体育的法律法案，如英、美、德、法等，自此学校体育正式确立为体制制度。但是受到战争的影响，这个时期的学校体育不可避免地带有强烈的军事色彩。

西方资本主义学校体育在第一次世界大战前后得到了快速发展，而苏联的社会主义学校体育也不甘落后。1923 年，苏联颁布了《学校体育教学基本发条例》，并在各中小学将体育划分为必修课程；1927 年，将学校体育教学的内容、形式以及方法全部变更，重新制定统一的新的体育教学大纲；1931 年，苏联体育委员会设置劳卫制，并将劳卫制按等级划分（一级、二级、预备级），同时颁布《劳动与卫国体育制度》规定每个等级需要达标的项目（一级为 15 个，二级为 22 个，预备级为 16 个）以及必须学习的体育、军事、卫生等理论知识。苏联劳卫制的施行使得其学校体育的发展得到了质的飞跃，并且为后来建立社会主义制度的国家发展学校体育提供了良好的典范和丰富的实践经验。

二、我国学校体育学的发展

我国关于学校体育的思想观念是从西方国家学习来的，受国外多种思想的影响，如军国民体育思想、自然体育思想、苏联体育教育理论等。

（一）古代简况

我国的古代学校的出现可以追溯到奴隶制社会。早在夏朝时期就有被命名为“校”“序”“庠”等不同名称的学校出现的记录；到了商朝，学校又分为“大学”“庠”两个级别，教导不同的学生；西周时期，学校教育进一步发展，建立了专为奴隶主或贵族的子弟进行教育的“国学”“乡学”，旨在专门将其培养为统治阶级或官吏。在奴隶制的背景下，所有的文献书籍都被统治阶层占为己有，只有贵族子弟才可以学习文化知识，这在当时被称为“学在官府”。这些统治阶层的子弟们在学校接受教育的主要内容被称为“六艺”，即礼、乐、射、御、书、数，其中，“射”指射箭和弹弓，“御”指驾驶，“乐”指音乐和舞蹈，这三项学习的内容都具备体育教学的性质。随着我国古代的社会制度由奴隶制转变为封建制，学校教学也逐渐转变为“学在四夷”，即出现了大量除官府办学以外的学校。西汉之后，在我国维持了两千多年的封建制度中，绝大部分学校都更加看中德育和智育，所秉承的思想理念是重文轻武，其教学内容主要是儒家的“四书”“五经”。唐朝时期施行了文、武分开考核的科举制度，到了宋朝，才开始兴办武学，旨在训练和选拔优秀的军事人才。但是这种武学教育并不能称得上是学校体育。到了清朝末期，由于西方列强的侵入，我国急于改变腐朽落后的封建制度，曲线救国，于是不断学习外国先进的文化知识，效仿日本和欧美等国家，创办新型的学校。其中，关于学校体育的内容主要体现在体操的教学上。

尽管学校体育在我国古代出现较早，但一路的发展过程十分曲折，尤其是当社会制度转变为封建制以后，历朝历代的统治阶层都更重视文化知识上的教育，采用科举制选拔文臣，武将的地位始终居于之下，严重时甚至被学校教育摒弃。因此，我国的学校体育在良好的开端下，最终却落于人后，没有得到应有的发展。

（二）近代学校体育的形成和发展

甲午战争之后，康有为、梁启超、严复等人发起维新变法运动，主张学习西方资产阶级先进的科学文化知识。维新派的观点认为，所有学校都应该将儿童、少年的身体健康放在首位，应该重视学校体育，加强学校体育教育，不断提高学校体育在学校教育中的地位。维新变法运动将我国的学校体育重新带回大众视野，对我国学校体育的发展产生了深远而巨大的影响。

辛亥革命之后，尽管国民政府改革了部分学校教学，但是依旧没有对学校体育重视起来，几乎没有采取任何的革新手段，大多继续沿用以兵操为主要教学内容的体操课。当时的许多学校在教会学校和基督青年会的影响下开始举办一些课堂外的体育活动，如球类运动、田径比赛等。可以看出，近代的学校教育基本呈现一种课内和课外的“双轨”现象，这两种完全不同教学体系一直持续到 1922 年的学制改革。

“五四”运动是我国历史上一次重大的思想变革运动，其中一项十分突出的成果就是引进了马克思主义。这些先进、科学的教育思想对我国体育的发展影响深远，许多围绕体育展开的著作也逐渐出现。1917 年，毛泽东同志发表在《新青年》杂志上的一篇有关体育理论的文献，即《体育之研究》，引起了巨大反响。毛泽东同志从我国当时的学校体育教学现状出发，利用辩证唯物主义的观点，对其进行了严肃讨论、分析与批评；指出教师与学生应该清楚地了解到学校体育教学的意义所在，参与课堂教学锻炼的原则有哪些；重点论述了学校教育应该德、智、体全面抓。毛泽东同志的这篇文章是我国近代以来最杰出、最典型的体育理论文献，在很大程度上加快了我国的体育建设，具有十分重要且积极的意义。

（三）中华人民共和国成立之后的学校体育

1949 年 10 月 10 日，中华人民共和国的成立将我国的各项发展建设都带上了一个新的台阶，学校体育也同时进入了一个全新的发展阶段。学校体育在取得了巨大成就的同时，也经历了曲折的发展道路，从最初的创建阶段，后来因为政治原因遭到的破坏。十一届三中全会后，党和国家实行了一系列改革开放政策，国民经济迅速恢复和发展，学校体育也进入了一个蓬勃发展的新阶段。学校体育的管理机构逐渐恢复并得到加强，我国各级各类学校内部的管理体系也逐步健全，从而保证学校体育工作开始向着规范化、制度化、科学化的方向发展。

三、学校体育学的思想变迁

（一）学校体育思想的启蒙

清王朝末年的资产阶级改良主义运动使落后的中国在各方面得到了启蒙。当时，由于清王朝的腐朽没落，在国际上受到列强欺压，国内基本民不聊生。一批有识之士想用改良的办法，使中国富强自立，他们以严复、康有为和梁启超等人为代表。他们努力寻求救亡图存的道路，在教育上主张“废八股、兴西学”，认为“体育是教育中不可缺少之物”，提出对学生要进行“德教、体教、智教”的全面教育观点。严复根据西方进化论及自然科学观点，主张“培先天，养后天，运动强身”，并在其名著《原强》中指出，一国富强之效，以民之体强为基础。康有为根据少年儿童的身心特点，在其《大同书》中提出了各年龄段身体发展的要求。对大学生，仍应“亦重体操，以行血气而强筋骸”；对中学生，由于“身体尚弱”，故仍需“养体”；对小学生，“专以养体为主，而开智次之。令功课稍少而游嬉较多，以动荡其血气，发扬其身体”；对婴儿，要注意“嬉戏安息如何而合儿神，务令得宜以壮儿体”。

“五四”新文化运动，是继改良主义运动以来对我国封建传统思想与文化冲击最大的一次运动。以陈独秀、李大钊、毛泽东、恽代英、徐一冰等为代表的新文化战士高举反帝反封建以及“民主”“科学”的旗帜，宣传马克思列宁主义的进步思想文化。其中毛泽东等人用近代科学的观点研究和提倡体育，特别是对学校体育的一些基本问题进行了非常有意义的探索研究，对学校体育思想发展产生了重要影响。陈独秀认为中国封建旧教育最大的缺点在于偏重学生脑部的教育，而忽略学生身体的锻炼。他把“健全体魄”作为青年爱国的条件之一，主张“全身的教育”，特别应当注意以“体操发展全身的力量”，使学生都能成为“意志顽强、体魄强健”的新青年。毛泽东在其《体育之研究》的著名论文中，深刻阐述了体育的概念、目的、作用以及德、智、体的关系，提出了“体育于吾人实占第一之位置”的观点，同时也对体育锻炼的原则、方法等问题做了较系统的论述。在毛泽东发表《体育之研究》的同年，恽代英也发表了《学校体育之研究》的著名论文。该文以近代科学知识论述学校体育的问题，呼吁以有趣的、渐进的、系统的体育代替枯燥的、片面的体育，提出学校体育应是“保学生之健康”的教育。

改良主义运动及“五四”新文化运动的进步思潮，结束了几千年来中国几乎无学校体育思想的情况，为我国近代以来学校体育的发展从思想上起到了重要的启蒙作用。

（二）学校体育思想的初步形成

从清朝末年到新中国成立初期的半个多世纪里，中国学校体育思想主要走的是移植与借鉴的道路。其间，于1937年前后也提出自己思想主张，即“国粹主义学校体育思想”。但是这种思想盲目排斥现代体育项目，过于强调民族传统体育的地位和价值。因此，由于其狭隘的民族主义思想，从产生之初就受到很大局限，而且没有对我国学校体育的发展产生较大影响。

此外，在中华人民共和国成立后的1957～1965年间，我国学校体育界曾结合中国学校体育实际，将苏联模式进行本土化改造，以期探索出更适合中国特殊环境下的学校体育发展道路。从1961年《文汇报》《体育报》中开展的关于体育教学目的的讨论，以及在同年出版的《体育理论》讲义、中小学体育教材（含教学大纲）和1963年出版的中专《体育理论》讲义中，我们可以看到此次本土化努力的一些成果。如“明确提出学校体育的目的首先是从增强体质出发，并对“体质”的内涵做了说明；运用矛盾学说来认识身体发展与掌握技能的关系，普及与提高的关系；重估并确立中国传统体育在学校体育中的地位与价值，把武术列入教材”等。由于受到随后发生的“文革”运动的严重破坏，因而对“苏联模式”本土化的努力没有取得多少实质性的进展和成果，在学校体育思想建设方面也没有什么实质性的突破。

1978年十一届三中全会后，我国社会发展在各方面进入一个全新的时期，学校体育思想的发展建设也是如此。面对当时我国青少年体质全面较低的现实，以及自“文革”末期形成的我国学校体育把少数运动员的比赛成绩视为学校体育的主要成绩，偏重于竞技体育，忽视大多数学生体质的不良状况。从提高民族体质的角度，教育界和体育界的很多有识之士呼吁关心学生的体质。另外，以增强体质的立论为出发点，一些学者提出了“体质教育”的学校体育思想。该思想强调学校体育“应以发展学生身体、增强学生体质为主导”。至20世纪80年代中期，该思想“基本形成相应的理论体系”并主导着当时学校体育的发展。

在近一个世纪的坎坷沉浮中，从中国学校体育思想引进“军国民”思想以来，到20世纪80年代前期以“体质教育”思想的建立为标志，初步建立起独立的体育教育思想体系。尽管“体质教育”思想在后来遭受了“三维体育观”的尖锐批评，还被打上“生物体育观”的标签，但它对我国独立的体育教育思想体系的形成具有相当重要的历史意义与价值。而且，在“三维体育观”提出后的一个相当长的时期内，我国学校体育的实践体系，仍然是在“体质教育”的思想框架内发展。

“体质教育”思想在批判我国学校体育长期以来以增强体质之名，实际却把身体发展当作副产品，在用竞技体育代替普通体育的基础上，以体育的本质是完善人的身体、增强人的体质为前提，提出体育的科学化必须增强体质为中心，而不能再以运动技术教学为中心。进而对学校体育的内容方法、教育目标以及社会功能和地位等诸多方面进行完善，最终形成了自己独立的思想体系。

自“体质教育”思想之后，我国学校体育思想的发展进入了一个非常活跃的时期，在“以人为本”和“三维体育观”的教育思潮等的影响下，出现了多种思想并存的情况，比较有代表性的有当今的“终身体育”思想、“全面教育”思想、“快乐体育”思想、“技术教育”（“三基”教育）思想等。

（三）学校体育思想的未来发展

我国的学校体育教育始终随着我国社会主义市场经济体制的逐步确立和改革开放的不断深入而更加完善，新的学校体育教育理念对学校体育在思想上有了新的发展要求。

1. 确保以素质教育为主线

学校体育要充分发挥其在素质教育中的作用，始终贯彻“健康第一”的教育指导思想。

（1）在活动观层面，对体育运动将有更深刻的理解。“运动”对人的作用不仅有显性的、直接的、即时的，还有隐性的、间接的和长期的。随着社会的发展，在进一步强化“运动”对人的身心全面发展的作用之后，“运动”在提高生活质量、休闲娱乐等方面的作用将更加凸显。因此，学校体育的设计转向对学校运动的创新和多种运动方式的关注，满足学生参与体育的需求，使“运动”真正组成多向相互作用的有机整体作为选择“运动”的基本出发点。

（2）在学生观层面，更加重视学生的主体性。培养学生自发自主从事体育活动的能力和习惯、激发学生的动机和热情、尊重学生的选择，是学校体育教育的必然发展趋势。因为体育教育的目的不仅是让学生学到一定的锻炼身体的技能、技术或知识，而且还要通过进行各种体育锻炼，最终形成相对稳定的锻炼习惯。

（3）在时空观层面，拓展学校体育的界限。第一，现代健康观念促使学校体育不仅注重学生自身的运动，而且要注意体育活动与自然环境、社会环境的内在关联，使学生的心理和人格健康全面的发展；学校体育不仅关注与家庭、社会的"一体化"，而且重视学校体育与卫生保健相结合。

第二，增强未来意识是学校体育的重要观念，使得学生充分认识体育的重要价值，将体育运动的需要扩展到未来需要而大大超过学习阶段要求。

2. 关注学校体育的人文价值和文化使命

按传统的理解，学校体育传递知识的手段主要是课程方式的编制，以此传递体育运动的技能和知识。但是体育运动作为社会文化现象，不能只限于技能、知识的传递，它绝不是超然于人类社会生活之外的简单肢体运动，它应该肩负起新时期发展所提出的体育文化使命。传递文化是学校体育最基本的职能之一。

第二节　学校体育学的地位与作用

一、学校体育的立体结构

（一）体育课程在学校体育中的情况

1. 学科课程（主课程）

所谓学科课程就是指根据学校科学发展水平和培养目标，从各门科学中选择出的各种不同的教学科目，而且这些科目都由适合一定年龄阶段学生发展水平的知识组成的。通常学科课程也称为科目课程。

体育学科课程是人们根据现实生活需要和个体发展需要，从体育领域精选出合适的体育文化所组成的教学科目。自 1903 年《奏定学堂章程》颁布之始，体育学科课程（即体育教学课）就始终是我国学校体育课程的主要形式（在相当长的一段时间内甚至是唯一形式），其旨在通过传授体育文化，使学生充分掌握体育运动的基本知识，并能够获得一定的体育技能。作为课程类型的一种，体育学科课程的优势主要体现在三个方面：第一，学生主要以学习间接经验为主，有利于提高体育文化传递的效率；第二，学生学习的内容是经过体育课程专家和体育教师精心挑选、系统组织和科学编排的，有利于学生对基础知识和基本技能的掌握；第三，学习方式以接受式学习为主，有助于学生最大限度地了解体育文化。与此同时，体育学科课程也存在一定的局限：第一，体育学科课程以学习间接经验为主，虽然提高了体育文化传递的效率，但是却容易屏蔽学生对体育文化产生、发展过程的认识和体验；第二，体育学科课程的内容是经过专门组织的，但这种组织往往更倾向于学科逻辑，却容易与学生的实际生活相脱离；第三，体育学科课程的学习方式以接受式学习为主，容易形成一味灌输的格局。

2．活动课程（辅助课程）

所谓活动课程就是指以学生的能力、需要和兴趣为基础，打破学科逻辑组织界限，通过学生组织的各种各样的活动而实施的课程。一般活动课程也被称为“经验课程”“儿童中心课程”。

以体育活动为主要内容的活动课程，被称为体育活动课程。该类型课程重视让学生在大量的体育活动中加深对运动的理解和体验。1996 年，为了进一步深化体育课程改革进程，国家教委下发了《“体育两类课程整体教学改革”方案》。这个通知将活动类体育课程列入“体育课程教学的范畴”，以活动类课程与学科类课程相结合的课程体系代替以往单一的学科类课程体系。作为一种课程类型，体育活动课有其自身独特的特点，如学生以学习直接经验为主；活动内容在一定程度上由学生自己选择、决定。体育活动课的上述特点，一方面，有助于个体体育知识技术在体育实践活动中的综合化，提高知识技术的应用水平；另一方面，也有利于充分调动和发挥学生学习的积极性和主动性，塑造他们自主学习的能力。体育活动课的最大不足之处就在于难以给学生系统的知识，学生掌握体育知识技术的效率较低，因此只能作为体育的辅助课程。

（二）学校体育中的校内活动

1．课间活动

课间体育活动通常是指各学校根据自身情况安排在上午第二、第三节课之间的体育锻炼活动，也称课间操。它的作用主要在于：第一，有利于消除因长时间连续学习产生的眼部疲劳，从而起到保护视力和预防近视的作用；第二，转移大脑的优势兴奋中枢从而调解精神，消除学习造成的身体的局部疲劳和脑力疲劳，使学生身心进行积极休息，从而在下一节课的学习中保持充沛的精力。

课间操的内容广泛，一般由眼保健操、体育舞蹈、广播体操、慢跑、体育游戏、武术操、跳绳等简单易行的体育活动组成。一般来说，课间操的时间不宜过长，生理负荷也不宜过大，但近年来的“大课间体育活动”改变了这一常规，主要是为了落实“每天锻炼一小时”而进行的课间操改革。课间操内容的选择与安排应根据不同季节和学校的具体情况而定，除统一安排外，各班还可自行选择安排或根据个人特点自我选择。组织形式一般情况下是全校学生集中进行，但根据学校的场地、季节气候条件等实际情况，可以分为个人或班级进行。在我国各级各类学校体系中，学校通常都重视课间操的实施，并且有相应的制度监督。

2. 课余体育

学生在课余时间里，运用各种科学合理的方法进行以增强体质、发展身体为目的的身体活动，就是课余体育，或者称为课外体育。在我国体育教育工作中，课余体育锻炼历来占有十分重要的位置，如在 1951 年政务院通过的《关于改善各级学校学生健康状况的决定》中就明确规定“学生每日体育、娱乐活动或生产劳动时间，除体育课及晨操或课间活动外，以 1 小时至 1 小时半为原则”。

课余体育是学校体育工作的基本途径和重要组织形式，它的开展有利于培养学生的体育兴趣和体育习惯，奠定终身体育的基础，促进校园文明建设。课余体育锻炼的内容包括以娱乐、保健、健身为目的的体育活动，为丰富学生课余文化生活的课余体育训练，以提高运动技术水平为目的而举办的课余体育竞赛等。其中，体育俱乐部活动是近年来在我国出现的一种新型课外体育活动的组织形式。校园内的体育俱乐部一般分为单项俱乐部和综合俱乐部两类，由学校根据自己的场地设备、师资力量、优势传统体育项目等因素筹建，经费主要来源于学校下拨、会员会费和社会赞助三部分。

（三）学校体育中的校外活动

1. 校外体育活动

学生在学校以外参加的体育锻炼活动称为校外体育活动。其主要有社区体育、家庭体育、自我锻炼等不同形式。

（1）自我锻炼。自我锻炼是学生课余生活的重要组成部分，它是指学生在离开学校后参加的体育活动，如在周末学生们组织在居住区空地或运动场进行的各种体育活动。自我锻炼对学生科学安排课余时间，培养良好的生活习惯有着不可替代的作用。

（2）家庭体育。所谓家庭体育就是指学生以家庭为中心，在居家环境中进行的，并在家长的参与或支持下进行的体育锻炼。家庭体育对增进家人感情交流，对普及体育知识有着重要的作用。

（3）社区体育。所谓社区体育就是指学生在所居住区域的公共场所，利用公共体育设施或自备设施进行的体育活动。社区体育对于体育的普及和体育文化氛围的构建具有重要意义，对培养学生的社会化和社会交往能力有着重要的教育作用。

目前，我国学生的校外体育锻炼主要依托于自我锻炼和家庭体育，社区体育尚未发挥积极作用。这是由于我国的社区体育起步较晚，再加上人力和财力的限制，还由于过去青少年体育的责任更多地被放在学校，而社区则把重点放在中老年人的锻炼上。

2．校外运动竞赛

校外运动竞赛，是指学生利用课余时间在校外参加的以运动项目为内容，以争优取胜为直接目的的体育活动。校外运动竞赛可以由政府部门组织（如省市运动会、篮球赛等），也可以由地区或学校体协发起（如学生自己组织的校际间篮球赛、足球赛等）。校外运动竞赛的开展在促进校际间学生的体育文化交流，丰富学生的业余文化生活，提高学生的运动水平等方面起到了非常重要的作用。

二、学校体育的地位

（一）学校体育既在校内又在校外

1．学校体育要不断扩展到校外

学校体育工作的主要阵地在校内，它能够为学生锻炼提供完善的场地器材和科学的管理指导。但校内体育也有其难以摆脱的弊端，如校内体育多是在学校及教师的安排下进行的，学生锻炼的自觉性难以得到有效提升。校内活动空间有限，学生聚集，难以完全满足不同学生个体的锻炼需要。因此，学校体育工作的开展在以校内为主的基础上，需要以校外作为有益补充。与此同时，对于学生体育生活方式的建立和体育习惯的形成，校外体育也起着不可替代的作用。如校外体育可以促进学生对已学体育知识技术的熟练运用，坚定自己的体育信念，发展广泛的体育兴趣等。

现在有很多针对学龄儿童的体育培训班很受欢迎，如舞蹈班、游泳班、滑冰班、乒乓球班等，学生们在节假日能够尝试自己喜欢的运动。很多学生乐意参与这些培训班，一方面是因为能够交到很多兴趣相同的朋友，另一方面主要也是因为对这些项目很感兴趣。

2. 学校体育主要在“围墙内”

《学校体育工作条例》规定，学校体育工作是实现我国学校体育目标的基本途径，主要是指课外运动竞赛、课外运动训练、课外体育活动和体育课教学。在日常工作中，这些活动形式的开展主要是在校内实现和完成的，其原因主要有四点：第一，学校是最便利的体育运动场所，因为学校体育的工作都是日常性的工作，在校内进行比较方便，体育活动能够因时、因地制宜开展，效果会更好；第二，学校的体育场地器材设施更加符合学生的年龄特征和锻炼需求，如小学的体育场地和器材一般都突出一个“小”字（如小篮球、小足球等），这就更容易让学生进行锻炼；第三，校内锻炼有专职教师指导，锻炼能够更加安全、科学；第四，学校的体育设施比较齐全，更有利于开展的体育活动。

（二）学校体育既是“科学”又是“管理”

1. 学校体育也是科学研究

学校体育以促进学生身心发展为最终目的，是教育科学的重要组成部分。这种教育活动的目的不是随随便便就能够实现的，而是必须遵循学校体育的规律。学校体育的基本规律、基本原理和方法不是既有的、现成的，是需要我们在学校体育实践中以科学研究的态度，采用科学研究的方法去发现和总结的。而且，由于学校体育的历史并不久远，学校体育的研究者数量有限，经过正规培训的学校体育工作者的数量也不十分充足，因此学校体育的科学化任重道远。学校体育工作不是单纯地实践，而是应该在实践的过程中不断研究、不断创新，促进其不断科学化。在这里强调的“一定遵循科学的规律，实事求是”而不是“要符合某个要求和制度规定”。

因此，在学校体育工作中一定要判断哪些是“管理的工作”，哪些是“科学的工作”，哪些是要“遵循规律”，而哪些是要“遵守规定”。要既做好学校体育的管理工作，又要做好学校体育的科学化工作。

2. 学校体育是事业管理

学校体育隶属教育事业，教育事业是党和国家的事业，是规定性的义务教育内容，体育是必修课程，具有强制性，是任何受教育者都必须接受的教育。从这一点来讲，学校体育是国家的意志，也是管理型活动。如学校体育要根据国家的要求制定工作目标，制定有关的法规和制度，制定检查和评价的标准，在这里强调的是“符合国家的要求和有关制度”，而不是“遵循科学的规律”。对于学校体育工作者来讲，替国家进行管理的思想是必需的，也是必要的，良好的管理是学校体育目标实现的必要条件。从内容上讲，学校体育管理总体上可以分为学校体育宏观管理和学校体育微观管理。学校体育宏观管理是指国家及各级教育行政部门对学校体育工作的管理，由各级教育、体育、卫生部门负责实施，主要包括各级教育行政部门的学校管理、课程计划管理、体育师资管理、学校体育经费及器材设施管理。学校体育微观管理主要包括对运动训练与竞赛、学生体质与健康状况、学校体育场地设施及体育资料、档案等方面的管理。

（三）学校体育既是“教育”又是“学科”

1. 作为多学时多学科的体育

在学校教育中，体育不仅是德智体全面发展教育的组成部分和手段，同时也是一门重要的教学科目。体育是中小学课程中开设时间最长、设置学时较多的学科。如从 20 世纪 50 年代起，我国就已经明确且一直奉行“体育课程是小学、初中、高中、大学（一、二年级）的必修课程”这一规定。在中小学的各科教学时数中，体育课居于第四位。以下是现行中小学体育课教学时数的统计（表 1-2-1）。

表 1-2-1 现行中小学课程中的体育教学时数

年　级	体育周课时	总课时
小学 1 ~2 年级	4 学时	288 学时
小学 3 年级 ~ 初中 3 年级	3 学时	756 学时
高中三个年级	2 学时	216 学时
12 个年级合计	/	1260 学时

体育还是融合多学科知识于一体的学科。体育课程的主要任务是传承体育文明，而体育运动是人体的运动，它的科学性、合理性都是建立在解

剖学、生理学、生物力学、生物化学、心理学、营养学等学科领域之上的。体育是人类参与的运动，这又同社会学、管理学难以分离。因此，体育是涉猎多学科知识的学科。最后，体育是学校中唯一通过身体的练习促进身体发展的学科。在学校教育中，个体智力和道德的发展有众多学科的支撑，而身体的发展则主要由体育课程来承担。

2. 作为“三育”之一的体育

在学校中，体育不仅是全面发展教育的重要手段，而且是全面发展教育的重要组成部分。

体育是全面发展教育的手段。体育与德育、美育、智育教育是密切联系的。通过体育活动还可以对学生进行共产主义思想品德教育。体育锻炼还可以使学生具有健美的体形和体态，有利于培养学生的身体运动的审美。运动技能的增强也为劳动技术教育提供了身体和技能的条件。

体育是教育的重要组成部分。早在古希腊时期，著名的哲学家、教育家亚里士多德就主张国家应对儿童进行公共教育，使他们的身体、德行和智慧得以和谐的发展。欧洲文艺复兴时期，英国哲学家、教育家洛克则明确地把教育分成德育、智育、体育三部分，并强调指出，“健全的精神寓于健全之身体。”马克思在关于人的全面发展学说的论述中也曾指出，我们把教育理解为以下几种东西：智育、技术教育和体育（即体操学校所传授的东西）。

三、学校体育的作用

（一）传授特定的知识

1. 学校体育是体育知识的启蒙

知识对于个体体育实践活动的重要性是不言而喻的。很难想象一个不懂体育文化，不具有基本体育素养的人能够在现代社会中充分享受体育的激情和快乐，尽情享受体育带来的健康和活力。学校体育作为一种教育形式，其主要任务就是传承体育文明，让学生接受体育文化教育，从而更好地为学生的生活服务。然而，生活在现代社会的个体被非常多样化的体育文明包围着，面对如此境况，学校体育在文化传承过程中应该扮演什么角色呢？学校体育是学生体育知识的启蒙，其理由如下。

第一，学校体育是对学生今后深入学习体育运动的启蒙。学校体育教授的体育知识是最基础和最基本的，这有利于学生今后根据自己的兴趣和爱好更好地进行深入学习。由于教学时数和学校条件的限制，学校体育不可能让学生对体育文化进行全面接触和深入学习，只能在力求让学生形成1～2项擅长运动的基础上，对日常流行的体育运动有一个大体了解和基本认识。这样，学校体育就给了学生一个多项运动入门的平台，为他们今后进一步学习奠定基础。

第二，学校体育是对学生体育价值观、体育兴趣的启蒙。如果一个学生对某些运动进行了初步的体验和学习，那么他就能够体验到这些运动的乐趣，从而找到更适合自己的运动。如果学生对体育文化有了全面的了解，那么他对体育的认识就会更加深刻和正确，就更能够形成科学的体育价值观和良好的体育态度。正如有些同学所说：我们轻视体育，是因为我们从未接受过高等正规的体育教育。

第三，学校体育是学生体育锻炼的启蒙。体育锻炼是一门学问，是一门科学。个体良好健身效果的获得不仅仅是靠形式上的参与就能够解决的，运动参与只是体育锻炼的“形”，体育锻炼知识才是体育锻炼的“神”，体育锻炼必须形神俱全才可能取得良好的锻炼效果。学生正处于身体的生长发育期，通过学校体育让他们更多了解不同时期的身体发育特点，掌握基本的锻炼知识，这对其形成科学健身意识、正确的锻炼态度能够起到助益作用。

2. 学校体育传授的知识是最完整、传授最有保障

体育知识对个体体育实践活动非常重要，关于这一点人们已经达成了共识。学校体育是传递文化、培养人的教育活动，这一点也得到了公众的一致认可。但个体的体育学习是贯穿一生的行为，其体育知识的获得途径广泛而且多样。那么，与其他形式相比，学校在体育知识的传授方面有什么独特的优势呢？学校传授的体育知识最完整、最有保障，这一点是其他形式无可比拟的。

第一，学校传授的体育知识是最完整的知识。学校体育是一种有目的、有计划地对学生实施体育文化教育的活动，其学习内容是体育课程专家和体育教师根据社会需要和学生身心特点，从浩瀚的体育文化体系中精选出来的基础知识和基本技能。这些知识具有全面性、多样性、连贯性和实用性的特点，比较完整地展现了体育基础文化的概貌。然而，学生通过其他途径的体育学习，所获得的知识往往是零散的，尽管可能很有针对性，但是从体育文化传承的角度来看，它不利于学生对体育文化的系统了解，因此只能作为学习的辅助形式。

第二，学校传授的体育知识是最有保障的知识。与其他形式相比，学校传授的体育知识不仅是最完整的，而且也是最有保障的。这是因为：首先，在学校学习体育知识最有时间保障。在人的一生中，只有学生时代是专门用于学习的时期。学生在学校中的主要任务就是学习各种文化知识，体育文化知识的学习也不例外。其次，在学校学习体育知识最有质量保障。学生在学校的体育学习是在体育教师的指导下进行的，是教师有目的、有计划地引导学生掌握体育知识的过程，这大大提高了学生体育学习的效率和质量。最后，在学校学习体育知识最有环境保障。学校是专门对学生实施教育的场所，因此在教育环境上要远远好于其他场合。如学校的体育场地器材是比较全面的，基本能够满足学生学习的需要。而且学校的体育场地器材往往更加符合学生的身心特点，具有年龄的针对性，更加适合学生的锻炼和学习。与此同时，学校还会通过开展多种形式的运动竞赛来激发学生的学习热情，引导学生在竞赛的氛围中学习体育文化。

3. 学校体育传授的知识以操作性知识为主

就体育知识而言，其类型可以分为四种：第一种是“知晓性知识”。所谓知晓性知识，是指人们可以去言传的知识。这部分知识与其他学科的知识具有共通性。在体育文化中，知晓性知识主要包括卫生保健知识、体育锻炼知识、运动项目知识、运动的历史知识等。第二种是“操作性知识”。所谓操作性知识，是指知道某种操作性动作的合理并知道如何运用这种方法的知识。第三种是“综合性知识”。在体育文化中，体育锻炼方法与原理即属于这一类型的知识。第四种是“道德性知识”。道德性知识也是一种融知晓性知识和操作性知识于一体的混合性知识，主要渗透在公平、公正、团结友爱、协同、理解、原谅、服从等行为中。

与其他类型的体育知识相比，体育操作性知识具有自己独特的特点：第一，它是既需要言传又需要经过内化训练的知识，只靠言传是不能完全掌握操作性知识的。第二，它一旦掌握就不容易遗忘，如学会了骑自行车，其技术可能永远不会完全消失，即便以后很长时间不骑车，但依然具有相应的操作性本领。第三，它有难度之分，主要表现为同生活相近的操作性知识容易掌握，同生活较远的操作性知识不太容易掌握。

（二）学校体育在行为道德上的陶冶作用

1. 体育是良好行为和道德培养的最佳教材

（1）体育以公平竞争为前提。竞争性是体育文化的一大特点，然而竞争往往建立在公平基础之上，因此体育总是以公平竞争为前提。如《奥林匹克宪章》指出，奥林匹克精神就是公平竞争、友谊团结和相互了解。顾拜旦在他的著名诗篇《体育颂》中也曾歌颂公平竞争：“体育，你就是荣誉！荣誉的赢得要公正无私，反之便毫无意义。”

（2）体育是挫折和成功交替的过程。体育强调竞争，是与对手的竞争，与自己的较量。但竞争必定有输赢，因此体育运动往往既有挫折又有成功，是挫折和成功交替的过程。如在奥运会的颁奖仪式上，当看到运动员饱含泪水庆祝自己胜利的时候；在日常长跑中，当看到一些学生尽管拼尽全力但最终落后却坚持到达终点的时候；在体育教学中，当看到有些学生屡屡受挫但最终通过努力完成学习目标的时候，我们都会为之感动，同时也会为他们的行为喝彩。因为，他们在历经挫折之后战胜了自己，这就是体育的魅力。

（3）体育与集体的形成密切相连。体育与集体有着密切的联系。然而，集体不是一句空话，集体有集体的要求。例如，集体要有共同的目标，集体要有共同的荣誉感，集体要求成员完成各自的职责，集体要求集体成员遵守集体的规则，服从集体的领导等。在这些方面，体育本身就表现出了很多集体的特点。比如，体育运动由很多运动项目都是集体项目，是需要依靠多人（集体）配合来共同进行的。这些运动团队有共同的目标，有共同的荣誉感，每个队员都有自己的职责。因此，体育运动的过程本身就是集体形成的过程，在这一过程中有助于个体学会适应集体的本领。

（4）体育行为是被规范了的行为。体育是一种被规范化的文化，这种规范性体现在体育运动的方方面面，主要包括规则规范、道德规范、礼仪规范、服装规范、行为规范等。如比赛时运动员必须遵守比赛规则，如果违规就要受到处罚。比赛中如果出现“黑哨”，裁判员就会因为违背了诚实、公正的道德规范而受到谴责。体育的规范性同时也体现在我们对体育运动的参与中。比如说跑步，当我们以自然状态跑步的时候，跑就比较随心所欲。而当我们在田径场上跑的时候，就会追求很多规范性的东西，如不能犯规、跑得好看、着装合体等。体育就是这样一个被制约着，同时又可以展现自我、自由和规则的文化。

2. 体育精神与学校教育相吻合

（1）体育体现了顽强拼搏的奋斗精神。提到拼搏，几乎每个人都会在第一时间想到体育，因为赛场上的拼搏正是人类拼搏精神的缩影，“更快、更高、更强”也正是人类挑战极限、挑战自我拼搏精神的最好诠释。顾拜且在《体育颂》中曾有过这样的赞叹："体育，你就是勇气！肌肉用力的全部含义是敢于搏击。"由此可见，体育体现了人们克服一切困难的进取精神和英雄气概，它让人们明白生活中最重要的事情不是胜利，不是征服，而是斗争和奋力拼搏的精神。

（2）体育体现了坚忍不拔、永不言弃的参与精神。坚忍不拔、永不言弃，是体育对人类精神文化的又一重要贡献。如牙买加运动员奥蒂被称为"永远的伴娘"，她多次参加奥运会和世界田径锦标赛，获得过三十多块奖牌，却从未获得过金牌，但她坚持不懈，四十多岁仍然奔跑在竞技场上。人们称她为"失利者"而不是失败者，在她的身上集中体现了奥运会提倡的永不放弃、永不气馁的体育精神。在运动场上，还有很多像奥蒂一样的运动员，尽管他们没有获得金牌或很少获得金牌，然而其永不放弃的精神却已经远远超出了获得金牌的意义，其存在本身就是人类精神追求的象征。

（三）学校体育在校园文化建设中的作用

1. 体育是最显现的校园文化景象

校园文化是以校园精神为主要特征，以学生为主体，以课外文化活动为主要内容的一种群体文化，其中体育不仅是校园文化的重要组成部分，还是最明显的校园文化景象。

首先，从形式层面讲，体育是学生在学校每天都要接触的文化。如清晨学生在教师带领下进行早操锻炼。第二节课后，全校师生在音乐的陪伴下走向操场，开展丰富多彩的大课间体育活动。下午第二节课后，形式多样、内容精彩的课外体育活动则让学生进一步享受体育带来的快乐。

其次，从精神层面讲，体育文化蕴涵了人类精神文化的精髓。给文化启蒙带来很多东西。如体育比赛中自由发挥的创造精神、挑战生理极限的拼搏精神、服从团队和裁判的规则意识，都是现代人最重要的文化素质。学生参与体育活动，是对顽强拼搏的精神品质的培养，对团结合作、公平竞争的社会风尚的形成，对民族自尊心和自豪感的树立，爱国主义、集体主义观念的增强起着潜移默化的影响。

最后，从物质层面讲，学校的体育场地、体育场馆也同样是学校中一道亮丽的风景线，是学校倡导健康、快乐、文明的充分展现。

2. 体育是最流动活泼的校园文化

体育不仅是最显现的校园文化，而且还是最流动活泼的校园文化。例如，学校每年举行的各种各样的体育比赛、校运动会和体育文化节，往往是学生们最开心和校园内气氛最活跃的时刻。尤其是体育文化节，融体育比赛、体育游戏、体育征文等活动为一体，以文明、快乐、健康为目标，以拼搏进取、团结协作、公平竞争为宗旨，以体育活动为载体，具有浓郁的节日气氛。通过体育文化节，使体育成为一种享受、一种快乐、一种体验。这种热烈而富有激情的文化氛围也在吸引更多的人关注、支持、参与体育运动。在校园这块沃土中，学生通过充满活力、快乐、竞争、协作、创新的体育活动展示各自的才能，从而战胜自我、超越自我、完善自我。体育这种最流动活泼的校园文化形式，不仅激发了学生的爱校热情和进取精神，而且培养了学生自觉维护和遵守校纪、校规的良好行为习惯，对健全高尚人格的塑造起着非常重要的作用。

3．体育是学生最喜爱的校园文化

体育运动是很有乐趣的，正是因为这种乐趣性，使得体育不仅是最显现、最流动活泼的校园文化，而且还是学生最喜爱的校园文化。体育运动的乐趣主要表现在四个方面：首先是竞争性，这是体育运动乐趣的本质。学生可以在体育运动中，通过人和人的竞争、人和物的竞争来体验战胜他人、战胜自我、克服困难实现自我的乐趣。其次是“身体需要的满足”，它是消除了身体因运动不足产生的不适感而产生的快感，是充分的运动和大汗淋漓后的快感。再次是“解惑快感”，它是由学生运动技能的提高和明白道理原理后所产生的自我满足感。最后是“交往快乐”。交往需求是个体最基本的一种需求形式，体育运动往往需要多人共同参与、相互配合，学生很容易借助这种形式体会到交往的快乐。由于体育具有上述四种独特的乐趣，所以体育也就自然成为学生最喜爱的校园文化活动之一。

（四）学校体育在沟通社会家庭方面的作用

1．身体和安全是学生家长最关心的事情

对于学生家长而言，最关心的事情莫过于学生的身体健康，这个道理是显而易见的。

第一，身体健康对于任何一个人而言都是最重要的。因为健康是生命的象征，幸福的保证。生活、事业与健康之间是辩证统一的关系。

第二，学生正处于个体身体生长的快速发育期，身高、骨骼、肌肉、内脏器官在这一时期都在快速生长发育。因此，这一阶段的健康状况不仅会影响到学生当前的生活和学习，还会对学生的终身健康产生至关重要的影响。

在促进学生身体生长发育、维护健康的众多因素中，体育锻炼是最为关键和重要的一环。法国思想家伏尔泰曾有句名言——“生命在于运动”，我国也有许多有关的谚语，如“强身之道，锻炼为妙”，“常流的水不腐，常练的人健康”等，都说明了体育锻炼对健康的重要作用。经常参加体育锻炼的人，因为身体锻炼的每一项动作都表现为肌肉动作，并能逐渐增加骨骼、韧带的负荷量，所以体育锻炼能增进身体健康。因此，学生在学校的体育锻炼情况也必然会受到家长的强烈关注。

2. 体育文化从学校扩散到家庭和社会

学校是系统传承体育文明的重要场所，也是系统传承体育文明的唯一途径。然而，随着社会的发展，学校的文化传承功能也在不断拓展，并日益成为向家庭和社会宣传体育文化的桥梁。这主要表现在以下三个方面。

第一，学校体育和社区体育的结合日趋紧密。在当前社区体育发展的过程中，学校体育凭借其在体育场地、器材、体育指导等方面的独特优势，对社区体育发挥着越来越重要的作用。如学校体育场馆定期向社区居民开放，不仅为居民锻炼提供了物质保障，还能够为居民锻炼提供科学的指导。

第二，学校体育的活动形式和内容越来越多样化，在空间上，已不仅仅局限于校园，在人员参与上，也已不再仅仅局限于学生。如有些学校在举办体育文化节的过程中，组织学生走向社区，宣传体育文化。与此同时，诸如体育摄影、体育绘画、体育表演、体育游戏等活动内容也成为家长和学生共同参与体育的平台。

第三，学校体育运动会已不再仅仅是学生的乐园，而是逐渐成为家庭体育的一种形式。如有些学校在运动项目设置上专门有亲子项目，有些学校在举办运动会或其他体育竞赛时，也会邀请家长参加。总之，学校体育在逐渐走出围墙，成为家庭、学校、社会体育一体化的重要环节。

3. 学校运动会逐渐成为社区的盛事

随着学校、家庭、社会体育一体化发展模式的建立，学校运动会的形式也发生了巨大的变化。过去，学校运动会只能称为少数学生的运动会，因为只有运动成绩好的学生才有一显身手的机会，而多数学生只能为之呐喊助威。与过去相比，如今的学校运动会更加注重全体学生的参与，运动会上每个人都有自己的参赛项目，同时学校还会向家长发出邀请，为学生加油助威。近年来，为了进一步响应全民健身的号召，更好地调动学生进行体育锻炼的积极性，一些学校与社区联合，以学校中学生家庭为单位，举行别开生面的家庭运动会，比赛项目趣味十足，如300米接力赛、负重跑、跳远、跳绳累加赛、模拟保龄球赛、羽毛球掷准赛、乒乓球运输拉力赛、篮球投篮累加赛、自行车慢车赛、仰卧举腿累加赛等，学生与家长参与热情高涨。由此可见，目前学校运动会不再是少数学生或学校的盛事，而逐渐成为所在社区的盛事。

第二章　学校体育的功能、结构与目标

为了使大家更容易理解，本章我们将从学校体育的功能、学校体育的结构以及学校体育的目标体系及组织这三个方面来进行论述。

第一节　学校体育的功能

本节将讲述学校体育的功能，其内容包括：学校体育功能的概念、学校体育的本质功能以及学校体育的其他功能。

一、学校体育功能的概念

学校体育功能❶体现了学校体育的本质，它反映出学校体育的多种作用（对人的物质机体与人的精神思维及社会物质与社会精神的多种作用）。站在系统论的角度来说，学校体育功能既是组成学校教育功能的重要部分，又和国民体育的功能之间不可分割、联系紧密。因为它既是学校教育的一个子系统，又是国民体育的一个子系统。

实际上，学校体育功能是要对“学校体育能够干什么”做出回答。其对“学校体育应该干什么”和“学校体育实际干了什么”产生直接影响，即学校体育指导思想、目标的确立和学校体育效应的评判，它是学校体育基本理论中的一个核心问题。

二、学校体育的本质功能

育人是学校体育的本质功能，具体又有教育功能、健身功能和娱乐功

---

❶ “功能”是指功效、作用，它是某一事物在环境中所能发挥的作用和能力。而“学校体育功能”，则是指学校体育在一定的环境和条件下对人和社会所能够发挥的作用，它与学校体育的过程结构和学校体育的环境有着密切的关系。

能三个方面。

（一）教育功能

长期以来，学校体育的教育功能一直在探讨学校体育德育的作用，桑新明和陈建翔在《教育哲学对话》一书中，提出了“体育内在地包含着德、智、美育”的观点，让我们以全新的视角去重新认识学校体育的教育功能❶。学校体育对学生的教育作用是全方位的，蕴藏着极大的潜力和深刻的内涵，体育不仅仅是一门学科，不仅仅是学校教育的组成部分，它还包含了人们对自身的认识和对生命的感悟。学校体育的教育功能主要表现在以下几个方面。

1. 促进智力发展

学校体育通过不同的体育活动，对学生的智力发展能够起到一定的促进作用。体育活动为学生智力的开发奠定了生物基础，对学生神经系统的发育起到一定的促进作用。

在进行体育运动时，人体的多个感官都要参与工作（例如视觉、听觉、平衡觉等多个感官），大脑皮层的各个中枢不断有各种感觉信息传入，从而对大脑细胞产生活化、刺激的作用，并使大脑的供氧量得到有效的改善，对促进大脑思维活动的物质——脑啡肽的分泌非常有利，使人头脑清醒、思维敏捷。

从学校体育本身来说，它是一项富有创造性的活动，具体的内容有：智力的开发、创造力的培养，对全面培养观察能力、广泛训练记忆能力、启迪诱导想象力和提高思维能力具有重要的作用。此外，有研究表明，运动有助于开发大脑右半球的功能，对发展儿童的直觉、空间转换、形体感知等形象思维及创造力具有重要作用。

2. 形成优良品德

学校体育是德育的重要内容和手段，对学生的个体社会化过程和人格完善过程起着重要作用。学校体育的德育作用见图 2 - 1 - 1。

---

❶ 周登嵩. 学校体育学［M］. 北京：北京大学出版社，2004.

学校体育的德育作用

- 能有效地培养学生的个性意志品质，如勇敢、顽强等。
- 可以培育学生的集体主义和爱国主义精神以及责任感和荣誉感。
- 可以有效地营造一个特殊的德育环境——“微缩的社会”，使学生的道德信念通过体育活动得到强化，并内化为学生具体的道德行为。

图 2－1－1　学校体育的德育作用

如图 2－1－1 所示，这些不仅是学校德育的重要内容，也是现代人所必备的重要素质。

3. 培养审美情趣

学校美育的重要途径是学校体育，美贯穿于运动过程的始终。学校体育可以让身体美、心灵美、行为美以及运动美在运动实践中能够进行完美的结合，因为它可以对身体美进行塑造，而且还可以带来心灵美、行为美以及运动美。[1]

学校体育培育学生鉴赏美、表现美和创造美的作用是独特的、具体的，有着极强的实践性，这是一般的学科所无法比拟的。

（二）健身功能

学校体育最原始、本质的、最为独特的功能是健身功能，这一功能与学校体育共存共荣。无论是过去、现在还是将来，它都将是学校体育最主要的育人功能之一。学校体育的健身功能主要表现在以下几个方面。

1. 养成正确身体姿势，促进生长发育

青少年学生正处于生长发育的关键时期，身体的可塑性比较大。实践证明，体育锻炼对培养学生正确的身体姿势，促进机体的生长发育具有重要作用（图 2－1－2）。

---

[1] 体育锻炼对塑造健美身体有直接的作用，通过体育锻炼，能使学生体魄健美、身材匀称、姿态优雅、动作矫健，这既是健康的标志，也是人体美的表现。运动中的形体美、动作美、节奏美、服饰美以及行为举止美都将给学生以强烈的美感体验，使其得到美的享受和情感的陶冶与升华。

参加体育锻炼
- 可以促进骨组织的血液循环，使骨密质增厚，骨骼变粗，骨骼的坚固性、抗弯、抗断和耐压的性能显著提高。
- 可以使骨骼长长，这对青少年学生身高的增长有着积极意义。

图 2－1－2　促进机体的生长发育

2. 提高身体机能水平

体育锻炼对机体功能水平的提高非常有帮助（图 2－1－3）。

参加体育锻炼
- 能量消耗增加
- 代谢产物增多
- 新陈代谢旺盛

→ 使机体的各个器官系统的功能水平得到改善，例如神经系统、血液循环系统等。

图 2－1－3　提高身体机能水平

3. 增强身体素质和基本活动能力

体育锻炼对增强身体素质和基本活动能力有着非常重要的作用，例如速度、力量等素质和走、跑、跳等基本活动能力。

4. 增强对外界环境的适应能力

人类生存的自然环境和社会环境属于外界环境，它是一个非常复杂的系统。自然环境的变化，不可避免地使人的生命和健康受到影响，人体必须随时调节各器官系统的功能来适应这种环境的变化，使人体的内外环境能保持相对的平衡。而经常参加体育锻炼则可以提高学生的这种对自然环境的适应能力，并且可以增强对疾病的抵抗能力。

需要特别注意的是，随着现代科技的发展和人民物质生活水平的提高，客观上会对人和社会的发展造成一些负面影响。如人的生物性的退化、现代文明病的产生、社会应激增加、人物关系的强化以及人与人之间关系的淡化等，这些给学校体育的健身功能赋予了新的意义与内涵。学校体育的健身功能将从增强体质的单维结构拓展为促进人的生理、心理发展和社会适应能力的三维结构，这既是人类自身发展的需要，也是时代赋予学校体育新的使命。

（三）娱乐功能

学校体育课余锻炼与竞赛是学生课外活动的重要内容。

（1）学生通过参加体育活动可以调节感情、丰富生活，并且缓解由于学习所引起的神经紧张和疲劳。

（2）学生通过观赏体育比赛和表演可以得到心理上的满足和精神上的享受。

（3）学校体育还是学生休闲的重要手段，是扩大学生社会交往的重要媒介以及表现自我、展现自我的重要舞台。

（4）学校体育在某种程度上会对学生未来的生活方式产生巨大的、潜移默化的影响。学生在学校体育活动中所得到的乐趣和愉快体验，不仅会影响他们的体育态度，甚至还会影响他们未来的人生态度，这种受益将是终身的。

除了上述育人功能外，另外有人提出了学校体育还具有个体社会化或群育功能，认为学校体育具有促进个体从“生物人”向“社会人”发展的作用❶。诚然，我们不否认这一点。但是，应该指出的是，个体社会化功能本是学校教育所追求的目标，也是教育的本质功能，我们不能将教育的功能与学校体育的功能混淆在一起。学校体育的促进个体社会化的作用，实际上内在地包含在学校体育的教育功能里，构成了它的一个方面。

三、学校体育的其他功能

（一）文化功能

学校体育最主要的社会功能是学校体育的文化功能，表现在学校体育是校园文化的重要内容。学校内部和学校之间开展的多种多样的体育活动，既可以丰富学生文化生活，又可以营造一种健康向上的人文氛围和环境，对学生的成长具有重要意义。学校体育是传播体育文化的重要途径。学校通过对学生进行全面、系统的身体教育，可以使学生掌握体育、卫生保健等方面的基本知识、技术以及科学锻炼身体的方法，在这一过程中，体育文化被一代代传递、延续和继承。学校体育对体育文化的创新与发展具有同样重要的作用。无论是理论还是实践手段的创新与发展，都与学校体育有着密切的关系。

---

❶ 周登嵩．学校体育学［M］．北京：北京大学出版社，2004．

（二）经济功能

值得我们关注的是，学校体育经济功能的发展虽不明显，如学校体育产业问题、高校的高水平运动队或俱乐部的商业活动等。当然，学校体育的最根本的经济功能还是在于通过改善和提高未来的劳动力的素质，促进国民经济的增长这一点上，但这实际上是教育的社会功能。

现代学校体育的功能具有多元化的基本特征，围绕着人与社会，构成了一个多层次的系统。这个系统在现代教育和体育思想与理念的影响下，内涵更加丰富，在广度和深度上呈现出不断扩展的趋势，学校体育的多种功能将被时代赋予新的意义。

第二节　学校体育的结构

按照时间序列，学校体育系统的结构大致上可以划分为学前教育阶段体育、初等教育阶段体育、中等教育阶段体育和高等教育阶段体育四个部分。

一、学前教育阶段的体育

（一）学前教育阶段学生的身心发展特点

在学前教育阶段，❶ 儿童的生活范围慢慢变大，有着很强的独立性和好奇心，喜欢模仿。他们喜欢别人的夸奖，胆大，相对来说，发展较快的是他们的语言和动作。有着强烈的竞争性和自主性，喜欢和同伴玩耍，愿意学习一些简单的生活技能，对集体游戏非常喜欢。

（二）学前教育阶段体育的主要特点

学前教育阶段体育的内容包括：基本活动技能❷、体操❸、各种简单的队列队形变换以及各种游戏。

---

❶ 幼儿园和学前班属于学前教育阶段，学生的年龄一般在3~6岁，他们无论是生理上还是心理上都正处于生长发育过程中，骨骼、肌肉发育不成熟，各个器官系统的功能也不完善。五六岁儿童的大脑重量已基本接近成人脑重的最低水平，重约250~1300g，神经细胞容积大、神经纤维增长，支配运动器官的能力增强，使学习简单动作及组合成为可能。

❷ 包括走、跑、跳跃、投掷、平衡、钻爬、攀登等。

❸ 包括各种徒手和轻器械体操、模仿操、韵律操。

在学前教育阶段，体育活动的形式一般会根据儿童的特点来进行组织，通常是游戏或者小型比赛等形式。通过各式各样的体育活动来对儿童动作技能的发展起到一定的促进作用，并且可以使儿童对体育的兴趣、习惯得到培养，使他们的社会适应能力得到提高。需要强调的是，所选择的游戏不仅要与学龄前儿童的身心发展特点相符，而且要有很强的趣味性和教育意义。

（三）学前教育阶段体育的重点

对儿童动作技能的发展起促进作用是学前教育阶段体育的重点之一。若想为下一阶段的体育打好基础，只有以简单的动作技能巩固为根据，对一些比较复杂的动作以及生活技能开始进行有目的、有计划的学习。对于以后学习更复杂的动作技能来说，这一时期儿童的动作技能水平有着非常重要的影响，并且这种影响很可能对一些儿童来说是终身的。

与此同时，在这个阶段一定要开始培养儿童对体育活动的兴趣，进行体育的养成教育。通过各种方法对他们参加体育活动进行引导和鼓励，让他们用积极的态度来面对体育活动。

二、初等教育阶段的体育

（一）初等教育阶段学生的身心发展特点

初等教育阶段的时间跨度较长，此阶段学生的年龄一般为 6 ~ 15 岁，在我国属于义务教育阶段。又可分为小学和初中两个阶段，就身心发展而言，小学生和初中生差别较大。

小学生的年龄一般是 6 ~ 13 岁。从生理上看，他们正处在生长发育的高峰期。[1] 从心理上看，他们正处在个体心理发展的关键年龄阶段。[2]

初中生的年龄一般是 12 ~ 15 岁，正处于青春发育期，从生理来说，初中生的外貌上发生了非常大的变化，例如身高和体重的增加以及出现了“第二性征”。同时，他们的生理机能也在逐渐增强，提高较快的素质有力

---

❶ 小学生的骨化过程还没有完成，骨骼中胶质较多，钙质较少，因而骨骼的弹性较大，可塑性强，不易骨折，但容易弯曲变形、脱臼和损伤；大肌肉群的发育优于小肌肉群的发展；心脏容积较小，新陈代谢快，血液循环量较大，脉搏频率高；大脑皮层兴奋和抑制过程不均衡，兴奋过程占优势。

❷ 小学生的感知觉具有明显的无意性和情绪性，注意不稳定缺乏持久性。小学生的记忆以机械记忆为主，思维以形象思维为主，他们的情感日益丰富，但自我控制力较差，容易外露。

量、耐力等，然而他们的运动量依然不能过大、时间也不可以过长，原因是他们的心血管系统的发育比运动系统的发育落后。同时，虽然神经系统的结构和机能的变化比较大，但脑细胞依然比较弱，神经系统的抑制过程没有兴奋过程强。

从心理上来说，初中生有很强的感知觉的精确性和概括性，观察的目的性和自觉性提高较大，他们比较明显的发展是有意记忆的发展。在这个过程中，占主要地位的是抽象逻辑思维的发展，情感表现在脸上，有时他们的思想、言论等比较过火；有时振作精神、奋发努力而表现出洋洋自得的情绪；有时精神萎靡而表现出消极的情绪。但是对友谊特别重视，比较注重义气，说明情感的社会性内容逐渐增强。在意志方面，初中生的自我控制能力和独立性逐渐增强，活动的主动性和自觉性慢慢提高。除此之外，初中生的自我意识有了新的发展，他们对自我开始关注，并开始出现“自我反思”。

（二）初等阶段体育的主要特点

相对学前教育阶段而言，从内容上来说，初等教育阶段体育的内容在深度和广度上都大大增加了，人类所创造的体育文化几乎全部包括。既包括了体育与健康方面的理论知识和原理，又包括了各种各样的体育运动实践活动。[1]

小学阶段尤其是小学低年级阶段，组织各种体育活动的形式主要还是游戏和比赛等，一般采用讲授的方法使学生了解一些体育与健康方面的知识，一般以动作示范的方法来进行运动技能的学习。在初中阶段，对学生自我能力的培养和提高比较重视，运用的方法也比较多，例如，讲解、分析、自学等。

（三）初等教育阶段体育的重点

在整个学校体育过程中，初等教育阶段的体育具有重要的作用和

[1] 小学低年级（1~2 年级）的体育内容与学前教育阶段体育的内容大致相同，以游戏和基本活动技能为主，但增加了一些体育与健康方面的基础知识；小学高年级学生则逐渐开始涉及一些经过“改造”的竞技运动项目，如小篮球、小足球等以及一些技能性比较强、对运动素质要求比较高的内容，如田径、武术以及体操中的技巧和单、双杠等；初中阶段的体育内容在小学高年级的基础上，以学习各种运动技能为主，包括一些生活和生存的基本技能，并加大了体育与健康基本知识和原理的学习。

地位。[1]

初等教育阶段体育的重点除了继续培养学生的体育兴趣和态度之外，也包括为后续阶段的体育奠定基础。[2] 尤其是针对学生的两个生长发育的关键期，进行生理和心理健康干预一定要及时，使他们健康、和谐地发展。

三、中等教育阶段的体育

（一）中等教育阶段学生的身心发展特点

中等教育的学生身心发育基本上成熟，他们的年龄一般在 15 ~ 18 岁。包括普通高中、职业高中和各种各样的中等专业学校。

相对来说，高中或中专生的发育基本已经完全，包括身高、体重、身体结构和外部形态等方面，而且日益与成人接近。[3]

从智力发育方面来说，智力发育已经接近成熟的是高中或中专生。相对初中生来说，在感知觉方面，他们更具有目的性、系统性、全面性和深刻性。[4] 在这一阶段，学生的目的性和自觉性的意志会表现得更加明显，另外，他们的自我意识的发展开始逐渐成熟，自我教育更加自觉，并且能够比较正确的评价自我和外界的事物。

（二）中等教育阶段体育的主要特点

在中等教育阶段，学生除了要学习各个运动项目的基本技术和比赛方法之外，还要对各运动项目的深层次的文化内涵有所了解，例如，发展历史、比赛规则等。它的内容主要包括多种竞技、娱乐以及休闲等运动项目。

（1）从形式上来说，这一阶段体育的多样性更加明显。[5]

---

[1] 这个阶段是整个学校体育发展的基础阶段；在这个阶段，学生跨越了两个生长发育的关键时期。总之，这一阶段的体育将不仅仅关系到他们在这一时期的身心健康发展，而且对他们将来甚至一生的身心健康发展，都将产生巨大而深远的影响。

[2] 其中包括：身体素质和运动能力的基础；运动技能（包括生活和生存技能）的基础；体育与健康知识的基础等。

[3] 他们的神经系统已经发育完全，兴奋和抑制过程基本平衡。骨化过程已基本完成，肌肉力量明显增强，心血管系统和呼吸系统的发育也已经接近成熟。性机能的发育也已经基本成熟，男女生在体态上表现出明显的两性差异。

[4] 他们的逻辑思维开始发展，具有较强的独立思考和分析问题的能力。由于自尊心的发展，他们的情感逐渐稳定而深厚，并且不轻易外露。

[5] 如有必修课和选修课两种形式的体育课。

（2）从内容的选择上来说，内容的空间性和灵活性增强。

（3）从方法上来看，体育课和课外体育活动主要以自学、同学间互帮互学和讨论式的方法为主，而老师的作用更多地体现在引导、启发、帮助和管理方面。

（三）中等教育阶段体育的重点

培养学生的各种体育能力是中等教育阶段体育的重点[1]。以学生的体育兴趣和爱好为根据，对他们掌握 1～2 个运动项目的运动技术、比赛规则以及训练方法等给予一定的帮助。同时，还要注意指导学生根据自己的条件，选择适合自己的锻炼项目，科学地锻炼身体。

四、高等教育阶段的体育

（一）高等教育阶段学生的身心发展特征

高等教育除了涵盖我们比较熟悉的本、专科教育，还包括硕士、博士的研究生教育。

这一阶段学生通常为 17～30 岁。他们的生长发育的实际情况，不管在心理上或在生理上都和成年人相差无机，其身体不同器官系统的功能也都拥有非常不错的状态。他们的自我观念十分明显，已拥有了加入不同社会活动并很好适应的能力。

（二）高等教育阶段体育基本特征

高等教育阶段的体育，不同学校都可以拥有自身的特征。

综合来说，该阶段体育的内容以不同运动项目为主，不过大体上会将学生个人的喜好等反映出来，任何一位学生在确定自己想要参加的活动内容时的自主性往往比较高。

另外，这一阶段的体育内容还在某些方面反映了生活化，最大的优点是可以与以后终身体育联系到一起。以后的职业可能希望学生有部分运动方面的相关素质技能等，如地质等工作，需要让学生可以有爬山等野外活动相关的能力。

高等教育阶段体育的形式多样。但从体育课方面来说，学生有很大的选择空间去确定自己喜欢哪个类型的体育课；课外体育活动因为没有各种

[1] 如自我锻炼能力、自我学习能力、运动能力等。

各样约束（如教师、时间、内容等）的缘故，相对来说比较随意、灵活。

除了个人自主的形式外，学生在进入课外体育活动里面的时候，基本上全是以体育社团，如不同体育协会的形式来进行的。

（三）高等教育阶段体育的重点

高等教育阶段体育的重点，主要是使学生体育文化方面的相关素养得到成长。这不单单是希望学生可以知晓体育是什么，还希望学生可以拥有进行具体体育实践的各式的技巧和实力，如进行体育休闲和组织不同体育活动的实力等，这对促进学生成长有不小的作用。

第三节　学校体育的目标体系及组织实施

一、学校体育的目标体系

（一）学校体育目标的概念与作用

学校体育目标❶是学校体育指导思想的具体体现，是我们开展学校体育工作的出发点，也是我们评价学校体育工作效果的重要依据。学校体育目标制订得正确与否会关系到以下两个方面。

（1）直接关系到学校体育内容、方法和手段的选择与运用。

（2）关系到学校体育的发展方向，影响着人才培养的质量和规格。

学校体育的改革，应该先进行目标的改革，因为其对学校体育的整体改革具有指导、定向、激励、定位、标准等重要作用，对评价学校体育各项工作实施的效果有着非常重要的意义。

（二）学校体育目标的层次

学校体育目标是一个多层次的、完整的系统，按照不同的分类方法，可以将它划分为以下几种不同的层次和类型。

（1）按照结构，可分为总体目标和子目标；

（2）按照时间序列，大致可分为长期目标、中期目标和短期目标。

---

❶　目标或者目的是指人们想要达到的境地或标准，它是人们通过努力，期望所要达到的预期结果。学校体育目标是指在一定的时期内，学校体育实践所要达到的预期结果。

（3）按照学段，可分为学前教育阶段体育目标、初等教育阶段体育目标、中等教育阶段体育目标和高等教育阶段体育目标。

（4）按照性质，又可将学校体育目标划分为条件目标、过程目标和效果目标等。

为了更清楚地理解学校体育的目标体系，可以将上述分类方法进行综合运用。总体上学校体育的目标可分为以下两个层次。

（1）第一层次，学校体育的总目标。

（2）第二层次，学校体育的条件目标、过程目标和效果目标。

在第二层次之下，还可以进一步进行细分。如过程目标还可以分为体育教学目标、课外体育锻炼目标、课外运动训练目标、课外运动竞赛目标、体育科研与管理目标；条件目标还可以分为管理条件目标、师资条件目标、场地器材条件目标、资料文献条件目标；效果目标还可以分为学生体质健康目标、学生能力发展目标、学生体育态度培养目标、体育人才目标和科研成果目标等。这些目标还可以分解成更具体的目标。子目标与子目标之间、子目标与总目标之间相互联系，共同构成学校体育的目标体系（图 2－3－1）。

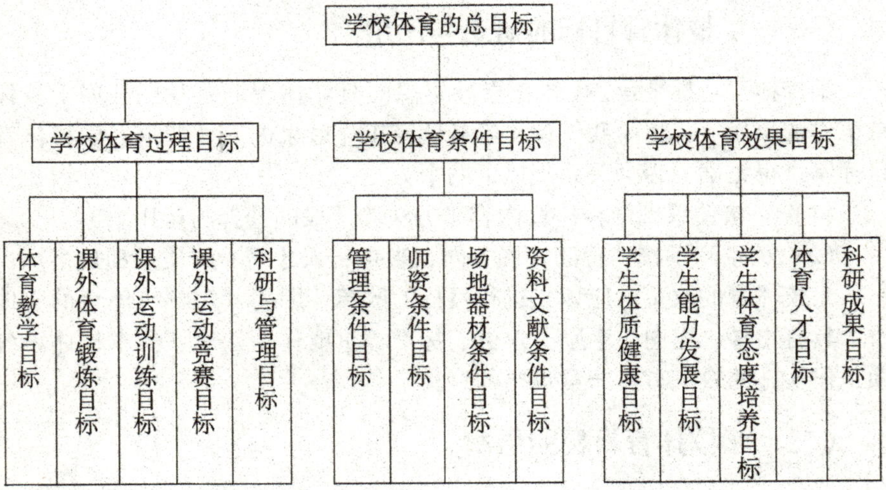

图 2－3－1 学校体育目标体系结构示意图

（三）确定我国学校体育目标的理论依据

需要我们注意的是，必须以学校体育内部所固有的特性为依据来确定我国学校体育目标，反映社会、学校及学生个体的现实与发展需要，并考虑实现目标所需要的基本条件。

1. 学校体育的基本功能

学校体育的功能体现了学校体育的价值，在制订学校体育的目标时，第一要考虑到学校体育的目标是否能实现，通过学校体育自身的价值与作用，这是确定学校体育目标的出发点与基础。否则学校体育的目标便缺乏可行性和逻辑性，也不利于充分发挥学校体育的作用，使目标的实现成为可能。

2. 学生个体发展的需要与不同年龄阶段学生身心发展的特征

这是确定学校体育目标的关键，因为学校体育的主体是学生，学校体育应该矢志不渝地把如何培养人、如何促进学生个体身心协调发展作为首要目标。新世纪学校体育的目标应该尽可能体现学校体育的“四发”功能，即发挥人的价值、发掘人的潜能、发展人的个性和发挥人的力量。

在过去，我们确定学校体育的目标的时候，只是反映了国家和社会的需要，而很少从学生的角度来考虑。人们总是将国家和社会发展的要求放在第一位，而把人的个体发展的要求放在第二位，这显然不适应当代学校教育和学校体育发展的潮流。实际上，个体发展的需要与社会发展的需要二者之间并不矛盾。强调个体的发展，正是为了社会的发展，因为人的全面发展是社会发展的本源和基础，只有个体素质的全面改进与提高，才能使社会和谐、健康、持续稳定地发展。

在制订各个教育阶段的体育目标时，还要充分考虑不同年龄阶段学生生理和心理发展特点和基本规律，以提高目标的科学性和针对性。因为从学前教育到高等教育，学生的年龄相差很大。

3. 社会发展的需要

学校体育的目标必须反映社会发展的需要，主要表现在以下两个方面。

（1）在最短的时间内，学校体育要实现和促进学生个体的社会化，尽快使学生个体由生物人成长为社会人，并逐步适应社会生活。

（2）学校体育的目标必须不断主动地适应社会的发展对人才不断提出新的要求。

当前，我们正处于人类社会继工业经济时代后一个全新的社会经济形态——知识经济时代，这个时代的典型特征就是人类生产活动的重心将由物质生产转向知识生产，知识的创新和进步将成为社会发展和影响人类生活的最重要的因素。知识经济时代需要大量具有创新意识和创新能力的人才，学校体育必须尽最大可能来满足这一时代的需求。

中国共产党第十六次代表大会提出了全面建设小康社会的战略构想，这将成为我国今后若干年内社会发展的重要目标。提高公民的思想道德素质、科学文化素质和健康素质是全面建设小康社会的一个重要指标，学校体育的目标也必须与之相适应。

4. 学校教育和国民体育发展的需要

学校体育既是学校教育的重要组成部分，又是国民体育的重要组成部分，这一固有属性决定了学校体育的目标必须与学校教育和国民体育的目标相一致。这种一致性，并不是简单的叠加或重复，它需要我们分析和研究学校体育与二者的结合点。[1]

5. 学校体育的环境和条件

只有做到以下几点，才能确定我国学校体育的目标。

（1）考虑现阶段我国的基本国情，参考我国大多数学校体育的环境和条件，如师资、场地、器材、经费等。

（2）结合学校教育和学校体育的发展趋势，对未来学校体育的中期和长期目标做出适当的安排。

（四）我国学校体育的目标

1. 学校体育的总目标

基于以上分析，当前我国学校体育的总目标具体如下。

（1）对学生的身心潜能进行开发，学生体质增强，学生健康增进，从而对学生身心的和谐发展起到一定的促进作用。

（2）为终身体育打好基础，培养学生从事体育运动的态度、兴趣、习惯和能力。

（3）培养学生成为具有创新精神和创新能力、德智体美全面发展的社会主义建设的合格人才，促进学生个体社会化，培养学生良好的思想品质。

---

[1] 学校体育与学校教育的结合点在于对象相同，学校体育的目标必须在如何培养人上与学校教育的目标相一致；而且从时空上来看在于时间阶段，即学校体育是国民体育的起点和基础。总之，学校体育的目标具有较强的基础性特征，是国民体育的一个阶段目标；学校体育既要为个体的终身体育奠定基础，也要为竞技体育提供广泛的人才基础。

上述我国学校体育的总目标，体现了学校体育的本质特征，反映了当前我国社会、教育体育发展的要求和学生个体的需要，也比较符合当前我国学校体育的实际，具有较高的科学性和可行性。

2. 学校体育的效果目标

为了保证学校体育总目标的实现，首先应该达到以下效果目标。

（1）使学生体质得到增强，使学生健康得到增进。各年龄阶段的学生正处于迅速生长发育的时期，应该通过各式各样的体育活动来对他们身体的正常发育起促进作用，而且这个体育活动应该是有目的的、有计划的；并且通过这些体育活动可以让学生得到全面发展，使学生抵抗疾病的能力和适应自然环境的能力得到显著增强。这除了对青少年学生的个人成长具有重要的意义，也对全民族体质健康的提高和改善具有非凡意义。

通过长时间的对我国青少年学生的体质的研究与探索，我们发现近年来学生体质呈不同程度的下降趋势，虽然其中的原因是多方面的，但不可否认的是这与我们学校的体育工作也存在一定的关系。因此，在今后很长的时间内，使学生的体质提高、增加并推进学生健康状况依然会是学校体育工作的重要目标。

（2）教授相关运动技能和健身方法，使学生的体育文化素养得到提高。从本质上来说，学校体育是具体地向学生教授体育文化的教育过程。学生掌握相关的体育知识、原理和方法，不仅可以使他们对体育认识得到一定的提升，而且他们参加体育活动的积极性和主动性也会得到提高，同时这些原理、知识和方法在他们参加体育活动时，可以给予科学的指导，使他们终身受益。

（3）促进学生个性全面发展，培养健全人格。学校体育的重要目标还包括促进学生个性的全面发展。在各式各样的体育活动中，融入体育的特点，对学生进行品德方面的教育，使学生得个性得到全面发展，培养出健全的人格。通过体育活动使他们的社会责任感以及群体意识得到一定程度的提高，培养他们优秀的品德作风，例如，热爱集体、团结合作等，为将来能够更好地适应社会生活做铺垫。

（4）发展学生的运动才能，提高学生的运动技术水平。学校是培养人才的摇篮，对于学生的运动才能，学校应善于发现，并针对他们的特点，在课余时间进行一定的训练，使他们的运动技术水平得到一定的提升。

在这方面，有条件的一些学校可以建立具有本校特色和传统的运动队伍，这不仅可以使校园的文化生活得到一定的丰富，而且可以为相关部门输送人才。

二、学校体育目标贯彻实施的组织

通过体育（与健康）课程和课余体育活动这两条基本途径来具体贯彻实施学校体育的目标。学校体育的这两条途径也是学校体育的中心工作和环节，其担负着全面实现学校体育目标的作用。由于体育（与健康）课程和课外体育活动各自的特点不同，因而其在实现学校体育目标的过程中所发挥的作用又具有各自的侧重点。

（一）体育（与健康）课程

体育（与健康）课程除了学前教育阶段和高等教育阶段的研究生教育外，都是学校教学计划中规定的必修课，它是学校体育的基本组织形式，承担着对学生进行系统的体育教育的重任。各个教育阶段所开设的体育（与健康）课程都有相应的课程标准或教学大纲或教学指导纲要，按一定的班级授课，并有专门的体育教师和一定的场地器材设备作保证。体育（与健康）课程是学生毕业、升学的考试科目之一，每学期或学年都要对学生进行相应的考核。

（二）课外体育活动

课外体育活动[1]也是学校体育的重要工作，它对培养学生的体育兴趣、态度，丰富学生的课余生活，提高学生的运动能力和独立锻炼身体的能力，发现和培养运动人才等方面具有重要的作用和意义。

（三）学校体育目标的基本要求

整体而言，组织开展学校体育的各项工作要以《体育法》《学校体育工作条例》《学校卫生工作条例》和《学生体质健康标准（试行方案）》为依据，结合学校的具体实际，以保证学校体育目标的顺利实现。在具体工作过程中，应注意以下基本要求。

1. 协同学校教育，面向全体学生

全面发展教育包括学校体育，因此要正确处理好学校体育与德育、智

[1] 指体育（与健康）课程之外的一切体育活动，其内容是极为丰富的，主要包括：课外体育锻炼，如早操、课间操、个人体育锻炼和班级体育锻炼等；课外运动训练；课外运动竞赛以及校外的社区体育活动和家庭体育活动等。

育、美育以及劳动技术教育之间的关系，充分发挥它们对学校体育的积极作用和影响，共同完成为现代化建设培养全面发展人才的任务。

学校体育要在全体学生中开展，保证每个学生都享有体育的权利。要创造一切条件，组织和动员全体学生参加各种形式的体育活动，以满足学生的不同体育需要。

对少数有生理缺陷或疾病的学生，要尽可能地安排他们进行适当的保健体育、医疗体育或矫正体育活动，以提高他们的健康水平。对部分有一定运动才能和天赋的学生，应从学校实际出发，在课余时间安排他们进行适当的运动训练，以提高他们的运动技术水平。

2. 课内与课外相结合

学校体育工作这枚“硬币”的两面是体育（与健康）课程和课外体育活动，二者相得益彰，有着必然的联系。

（1）体育（与健康）课程所传授的知识技能、方法等可以为课外体育活动的开展奠定一定的身体和运动技能基础，并提供理论与方法指导。

（2）学生通过课外体育活动，可以进一步巩固在体育（与健康）课程中所学习的内容，而且随着学生运动能力的提高，学生对体育的兴趣将越来越浓厚，这些都将反过来对体育（与健康）课程的学习效果产生积极正面的影响。

总之，体育（与健康）课程和课外体育活动两者的关系如果处理得当，它们之间可以产生相互促进、相互加强、互为补充的积极作用。

3. 营造良好的学校体育环境

事实证明，学校体育环境❶是学校体育的有机组成部分，对实现学校体育的目标具有重要的意义。优雅的学校体育环境不仅可以引导和激励学生积极参与体育活动，给人以美的享受，而且对学生体育的兴趣、动机、爱好、态度等的形成产生潜移默化的影响和作用，并且能够有效地促进学生的身心健康。

良好的学校体育环境的营造，除了要改善学校体育的物质环境之外，还要努力构建学校体育传统与风气。学生置身于这种积极向上的体育氛围中，能够在耳濡目染、潜移默化中受到熏陶和感化，从而产生一种春风化雨、润物无声的教育效果。

❶ 是指开展学校体育活动所需要的物质、制度与心理环境，如校园、校舍、各种体育场地、器材、各种学校体育规章制度、学校体育的传统与风气以及师生关系等。

4. 加强体育师资队伍建设

学校体育工作的具体实施者是体育教师，体育教师决定学校体育工作的成败。他们的数量与质量，是实现学校体育目标的关键。因此，必须大力加强体育师资队伍建设。具体如下。

（1）努力提高师范体育教育专业的质量。

（2）对在职体育教师的业务培训与进修需要加强，并对他们积极投身于教育改革的浪潮进行适当的引导，认真学习现代教育理论与思想，不断提高自身的理论修养和业务水平，使自己具有高尚的师德、全新的教育观念、多元的知识结构、全面的教育能力及健康的人格等，以适应当代学校体育改革与发展对体育教师的新要求。

5. 加强学校体育的科学研究和经验总结

当前我国学校体育实践中出现了大量的理论和实际问题，正处于急剧的发展变革阶段，需要通过科学研究加以解决，这不仅关系到学校体育改革的成败，也关系到学校体育在未来的发展走向，对学校体育的可持续发展有着重要作用。

在开展学校体育工作的过程中，要及时总结经验，并上升到一定的理论高度，进而在实践中加以推广。同时，还要善于抓住一些学校体育实践中亟待解决的重要课题进行研究，力争以在科研上的突破来带动学校体育的改革向纵深发展。

第三章　学校课余体育研究

课余体育是学校课外教育的组成部分，是实现学校体育目标的重要途径。

第一节　学校课余体育理论

一、学校课余体育的意义

（一）学校课余体育为体育教育的另一主阵地

学校的体育教育不仅有课内教育，而且离不开课外教育。课余体育是课外教育不可缺少的构成要素，为学校课外教育的一种形式，同时也与课内体育教学有很大联系，是经课内体育教学衍化而来。

课余体育为学生在课余时间里，采取不同的练习方法，就是为了使身体变得更好，并提升体质、增进运动技能，让自己的业余文化生活变成多姿多彩的体育教育活动。其基本涵盖的形式和内容主要有以下几点。

（1）早操。

（2）课间操（大课间活动）。

（3）课外体育活动。

（4）学校运动队训练。

（5）不同体育兴趣小组（俱乐部）。

课余体育里面的教育价值通常是显而易见的，它能够让学生在相对来说比较轻松的氛围里面学习或巩固体育的基本知识、技能，让学生能够养成较好的品质，使学生的个性能够得到发扬。

课余体育对学生身心的提升有着比课内体育教学更好的效果，其时空的便利性和广泛性，运动内容与手法的自觉性，是个体完成体育教育的重要内容。

随着社会的进步，学校课余体育的积极因素越多，对学生身心向上推进的影响作用越发显而易见。因此，课余体育在学校教育里面是不可缺少的，为学校体育教育的另一主阵地。

课余体育和体育课内教育彼此配合、相互补充，使完整的学校体育课程体系得以构建，并成为推动学生全面进步的一支力量，成为学校完成体育教育任务的主要途径。

（二）具备和体育课不同性质的教育形式与效果

课余体育与体育课彼此相连、相互补充。

体育课为课余体育的进行打下了一定的身体与技术基础，为课余体育奉上了部分知识、做了一定的技能准备，为学生创造了一个检验体育课学习是否有效的条件。

通常而言，体育知识技能得让学生在课余体育活动里面去体验与活动；希望学生能够经课余体育的实践得到磨炼，从而能够拥有勇敢的意志和较好的体育道德作风。所以，课余体育活动可以在一定程度上弥补学生在体育课运动里面的缺陷，是体育课堂教育的延伸，为体育教育的第二课堂。

然而，课余体育和体育课比较而言，又含有比较独立性的一面，即课余体育的“课余”性，它含有以下几个特征。

1. 形式相对多样与灵活

与“课内”对比的话，“课余”形式比较灵活一些，多样一些，形式更加活泼，比较讲求实效。

2. 内容开放并贴近生活

和“课内”对比，“课余”的内容与形式更开放，也更贴近生活，一般不会不受课时、教学计划的约束。

3. 教育意义丰富

“课内”教学为按学科展开的，而“课余”活动则是以活动为中心展开的。因此它具有教育的综合性，能够为学生创造同时将多种学科知识加以利用、展示各式各样才能的机会。

4. 学生参与依照兴趣

通常学生所参加的“课余”，基本都是依照自己的兴趣、爱好确定的。

其活动内容、形式也更多由学生自己予以确定，因此也就更能带动起他们的热情。

5. 学生的活动更具自主性

与课内相比，学生在课余活动中，拥有更大的自主性。

通常，课余活动为学生自己的活动，他们为活动的主人，教师仅有一定的带领性。

因课余活动具有“课余”的特征，所以，课余体育活动学生参与的主动性高、锻炼效果显而易见，对学生的个性养成有很好的效果，对以后学生终身体育习惯的养成也有很大帮助。

（三）课余体育为校园文化的主体构成部分

校园文化为校园里具有教师与学生气息的一种文化环境，其中，学校师生为主体。

课余体育活动是学校课外活动不可缺少的一种形式与内容，在校园文化建设里承担重要责任，它为校园文化的主要的组成部分。同时，课余体育对创造校园文化的多样性、提升校园文化的吸引力都非常有益。

青少年学生是富有朝气与活力的群体，他们不只是希望有课堂学习，同时希望有娱乐、友谊、自己的爱好等。而课余体育活动刚好可以在一定程度上实现青少年学生的这些希望，是实现学生所希望内容的最有效手段之一。所以，课余体育活动可以对校园文化多样性建设和生动的校园文化氛围起到一定帮助。

二、学校课余体育的不同形态及其特征

（一）休息、锻炼、娱乐交融的课间活动

1. 内容

课间活动通常是指以下活动。

（1）在两节课间利用 10 分钟展开的学生自由活动。每节课间的 10 分钟休息，虽没有明确要求要进行体育锻炼，不过通常可依照具体状况安排体育活动。在场地安排上，要么集体、要么分散。在内容安排上，基本是以锻炼、娱乐为主，如时间很短的广播操、眼保健操等，也可进行慢跑或

比较轻松的游戏活动。

（2）在上午第二、三节课之间的15～30分钟进行的课间操活动。该课间操活动的时间相对来说更长一些。其活动内容相对多样，通常以广播体操为主，也可依照学校与学生的具体状况，开展校园集体舞、跳绳、踢毽或学校自行开发的健美操、武术操以及部分新兴运动项目等。

（3）独特优势的体育项目。为了带给课间活动新的活力，有些学校还会依照自己的独特优势，将当地有独特优势的乡土体育项目作为课间活动的主要内容。同时，鉴于阳光体育运动的进行，不少学校借助课间活动这一平台，开发学校体育独特优势，发掘运动健身角或快乐体育园地，使活动内容与锻炼手段得到很大丰富，有效增进了学生的参与程度。

2. 意义

学生在紧张的学习后，对课间活动他们的身体有以下好处。

（1）能够舒展身体。

（2）可以让身体的姿势得到调节。

（3）让身体的某个部分的疲劳消除。

（4）促进血液循环，并提高学习效率。

学生在课间活动中，精神上也处于“放松”状态，使身心都能够得到调整。

3. 展开形式

（1）从规模看。课间操的形式通常采用的是以班级为单位展开，也可采用全校集体展开或学生自由展开活动。

（2）从场地选择看。课间活动通常在室外展开，能让新鲜空气和阳光净化学生，对其身心的健康非常有帮助。

4. 出现的问题

不过，大课间活动在进行过程中也产生了一些问题，如场地、器材不够、教师太少、活动内容仍需加大开发力度等。

因此，在这样的情况下就需要我们在实践的过程中要进行深入的探索。同时，要加大运动场地设施的建设，配置足量的运动器材等。

（二）检验、娱乐与文化都有的学校运动会

运动会为学校内部自行组织的，以年级、班级为单位举行的竞赛活

动。其竞赛形式通常包含多个运动项目，并在同一时段展开。

现在最常见的主要为田径运动会或篮球、排球、足球及田径等多个运动项目被放在一起进行的综合运动会。

一方面，运动会是对学生整体的运动水平的一个检验，如有些学校为了达到检验学生运动水平与让学生都能参与竞赛的目的，把田径运动会变为达标运动会，达标项目就是竞赛的项目。

另一方面，运动会的赛前口号征集、开幕式筹备、比赛中的征文活动、广播宣传时的知识普及等，对学生来说都是一个体育娱乐、校园文化的陶冶的过程。

（三）班级、年级团队健身的班级体育联赛

班级、年级体育比赛为一种有效地推动学校体育向前进步的方式，它不仅能够增加学生参与锻炼活动的主动性，对体育教学与课外活动也是一种有效的推动，另外，还可以在潜意识里面让学生能够养成团队集体的荣誉感等。

通常，学校大型的体育赛事包含春、秋季节的田径运动会，定期举行的小型班际联赛等，部分学校每月会举办一次特色比赛，如跳绳、篮球、广播操、趣味运动会等，还能够依照学校独特优势组织独特优势项目的比赛，多以体育节、文化艺术节方式增进学生的参与意识。这些小型比赛能够非常有效地推动课外活动的进行，尤其是班主任参与课外体育活动的主动性。另外，把课外活动的时间充分利用起来组织比赛，还可以有效加强班级的向心力。这既使课外体育活动的内容与形式变得更加多样，还可以慢慢地让学校的体育锻炼氛围形成。

（四）活动课与专长教育结合的运动俱乐部

校园内的运动俱乐部为近年来产生的课外体育活动组织形式，主要指的是单项与综合性俱乐部。

学生依照各自的兴趣爱好等需求自愿加入俱乐部，参加符合自己特长与要求的体育锻炼活动。其中有一些为课余的，有一些是去增进技术的，其他的则是为娱乐而参与的。

它一般是有组织、有管理，有专人带领，有经费支持的，含有一定的导向性，活动效果也非常不错，学生都比较喜欢。

三、课余体育的目标与成功标志

（一）有一个尽可能多的学生参加的运动会

1. 简述

（1）学校体育的终极目标是全体学生体质的增强和学会基本的运动技能，科学锻炼身体。因此，学校设置的体育比赛其基本的参与对象应该是全体学生，而不是小部分运动精英。

（2）全体学生参与运动会的项目设置和形式应具有差异性、层次性和多元化，以趣味性为主，提高学生参与的积极性。

（3）一些集体性项目的开展能极大地提高学生参与度，如以下项目。

①广播操比赛。

②集体多人接力跑。

③多人多足跑。

④集体跳大绳。

⑤多人混合球类技巧赛。

这些集体性项目计入运动会的团体总分中，将极大地鼓励学生的参与性。

（4）经过改造的竞技性项目。如快速跑比赛可以增加一些限制，比如两人一组绑腿跑，运球跑。

（5）采用集体参与积分形式进行的耐力性项目。

2. 意义

多人参与运动会一方面能激发学生参与运动热情，另一方面也积累学校的运动文化。

3. 要求

在组织运动会时要注意以下几点。

（1）要体现人性化。

（2）比赛的强度、难度要适中。

（3）设置的项目要与日常开展锻炼的项目相符。

（4）需要学校领导层和体育组多方一起协调配合，才能安全、有效地开展。

（二）有一个不断更新的有趣的大课间

1. 简述

（1）大课间活动与课间操相比，活动时间长，活动内容多，组织形式活，练习负荷适宜。

（2）大课间一般多则 40 分钟，少则 25 分钟，平均达到每天 30 分钟，有些地方把它叫做“间操课”。

（3）教育部于 1999 年推广大课间体育活动以来，这项活动已在全国不少城乡学校得以蓬勃开展。其以贯彻素质教育，体现“健康第一”指导思想，确保学生每天达到 1 小时体育锻炼的要求出发，把课间操扩展为大课间体育活动课的组织形式，成为有组织、有计划开展的一种活动类体育课，上升到体育课程的层面，既有必要，又有现实意义。

（4）大课间体育活动内容丰富、形式多样、全员参与、实效明显，受到学生普遍喜爱。

2. 意义

（1）可以对学生紧张的学习起调剂作用。

（2）对促进学生身心健康有明显的实效。

3. 要求

（1）在落实中央“7 号文件”精神方面，要实实在在地每天有 1 小时的身体锻炼。

（2）在阳光体育运动的展开方面，学校要给开展体育活动充足的时间，以保证大课间活动的蓬勃开展。

（3）要保证学生体育锻炼内容的丰富多彩。

（三）有一个能坚持并有效的“班级体育活动”

1. 简述

（1）班级体育锻炼是以班为单位分成若干小组，由班干部和锻炼小组长带领下进行的体育活动，班主任和体育教师起指导作用。

（2）班级体育活动在时间、内容、组织和生理负荷等方面有着更多、更高的要求。它是学生复习巩固和运用体育课教学中所学的知识技能的重要组织形式，是课内外结合的主要途径。

2. 意义

（1）促进教学改革，提高教学质量。

（2）班级体育活动对课余体育活动具有非常积极的意义，是落实每天1小时体育锻炼的重要保证。

3. 要求

（1）要想班级活动能持久、有效地开展，必须在组织措施上要做到以下几点。

①管理落实。

②实践落实。

③内容落实。

④场地器材落实。

⑤学生干部落实。

⑥考勤检查落实。

（2）在组织形式上要注意以下几点。

①集中与分散结合。

②规定与自愿结合。

③班级与个人结合。

④锻炼与测验结合。

（四）有一些学生自主锻炼的运动俱乐部

1. 简述

随着学校体育改革的深化，课外体育活动丰富多彩。很多学校根据学生的需要，组建了各种形式的体育俱乐部。

带有运动训练性质的体育俱乐部成为新型的学校课余体育训练形式。学校运动俱乐部较之学校代表队具有更广泛的群众基础，凡是喜爱某一运动项目的学生均可加入该俱乐部。

俱乐部的成员来自全校各个年级，大都由学生自己管理，体育教师帮助指导学生制订训练计划。

2. 意义

运动俱乐部是课外群众性体育活动和学校运动代表队之间的中间形式。

这种形式既可使更多的学生参加到某一项目活动中来，又可为学校代表队提供充足的后备力量，是学校课余体育目标实现的重要组成部分。

（五）有1～2个为学校争光的运动代表队

1. 简述

（1）运动代表队是学校课余体育运动训练最普遍的组织形式，也是我国运动训练体制的基础。

（2）一般的学校都设有具有广泛群众基础和较高水平的项目运动队，学校代表队的目标非常明确，主要是提高运动水平，代表本校参加各种级别的比赛，为本校争光。代表队代表了学校某一运动项目的最高水平。

由于在学校范围内训练，因此，全面发展身体、增强体质，培养良好的思想品德，掌握一定的运动技术和战术等成为学校运动队的主要任务。

此外，学校还有班级运动队、年级运动队等。

2. 意义

由于在训学生与本校其他学生的联系紧密，学校运动队在促进学校课外体育活动开展，普及体育运动知识和技术等方面起到了积极的作用。

第二节　班级体育活动与课间操

一、班级体育活动

（一）班级体育活动的设计

1. 班级体育活动内容的设计

（1）活动内容的来源。使学生知晓体育的基本知识和技能，熟悉体育锻炼的方法，为学校体育教育的一个任务。以该任务为中心，班级体育活动可以依据体育课的学习内容、围绕学校的传统项目与学生喜闻乐见的项目及游戏、参照《国家学生体质健康标准》展开。

①体育课堂教学内容。因中小学生的课业负担重、学习压力大，基本

上学生都没什么体育锻炼的时间（除了学校组织的课余体育活动外）。要想经体育课堂教学时间来实现提升体质、增进体能、提高学生健康水平等教学任务是很难的。所以，班级体育活动可作为课堂教学的补充，经班级体育活动来安排课堂体育教学内容的练习，以此来巩固课堂教学效果，达到对基本知识和技能的了解。

②学生爱好的运动项目及游戏。班级体育活动的组织一般相对散一些，参与学生基本都是自己主动前来的，主动性更高，教师最好对这一特征进行关注，安排部分学生喜欢的运动项目与游戏，尽量使学生练习的主动性得以提高，使学生在练习的过程中了解知识，巩固技能。

从内容上看，各个年级段的学生爱好的运动项目有所不同：小学生通常以游戏、舞蹈项目为主；初中生通常以球类、操类为主；高中学生可以开始安排一些自选的项目。

③《国家学生体质健康标准》里面的项目。2007 年，教育部与国家体育总局颁发了新的《国家学生体质健康标准》，同时将文件下发到全国各级各类学校。它主要是有对学生体能与运动技能的个体评价标准，能够很不错地拉动学生参与体育锻炼。另外，体育锻炼项目一般选择的实效性强、简便易行，学校可在自身具体状况与学生所处的年级的基础上进行确定。

（2）活动内容的设计思路。

通常，采取以下原则设计科学的内容方案。

①对巩固体育课堂教学的成绩有帮助。

②对激发学生的运动兴趣与形成运动特长有帮助。

③对提升学生的体质有帮助。

④得充分考虑依照学生的性别与活动时间并分别对待。

2. 班级体育活动的时间设计

（1）严格依据国家政策的要求，保证学生的体育锻炼时间。《学校体育工作条例》第 10 条明确要求：“普通中小学、农业中学、职业中学每天应当安排课间操，每周安排三次以上课外体育活动，保证学生每天有一小时体育活动的时间（含体育课）。”在要求的基础上，依照现在我国中小学新课程改革的具体情况，各学校可参考如下班级体育活动（表 3－2－1）。

表 3-2-1　班级体育活动时间

年级（学段）	周体育课时	周班级体育活动
1～2 年级（小学）	4 课时	1～2 次
3～9 年级（小学与初中）	3 课时	2～3 次
10～12 年级（高中）	2 课时	3 次

（2）依照练习内容的性质，合理安排练习的时间。班级体育活动练习内容依功能能够分为身体练习类内容与运动技能巩固性内容。通常而言，身体练习类内容要求安排适宜的练习密度与强度，其趣味性一般较低一些，因此在对这类内容进行安排的时候，同类项目最好控制在大约 20 分钟，时间最好不要太长，能够让 2～3 项练习内容交替展开；运动技能巩固性的内容在每次班级体育活动中的安排内容最好不要大于两项，给学生足够的时间有机会开展循环练习，以达到更好地了解运动技能的目的。

（3）依照不同季节的特征，适宜安排班级体育活动的时间。体育活动受季节与天气的影响相对大，因此，在时间的安排上还应将不同季节与天气的状况考虑进去。比如，夏季日照强烈，为防止让学生过多的受紫外线的伤害，活动时间应安排在下午放学前，日落西山时；冬季气候相对寒冷，活动可安排在上午的第三节或者下午的第二节课展开。

3. 班级体育活动分组设计

为了让班级体育活动的安排有针对性，增进活动的效果，最好把参与班级体育活动的学生进行分组。依照活动的具体状况，通常有以下几种分组原则。

（1）依照学生身体的健康状况分组。推动学生的健康为班级体育活动开展的任务之一，因此，在对参与班级体育活动的学生进行分组的时候，刚开始最好把学生的健康状况考虑进去，最好不要让不能参与剧烈运动的学生与普通学生同时参与锻炼，排掉安全隐患。另外，要依照学生各自的身体健康状况，安排比较合适的锻炼内容，保证每一位参与活动的学生全能够有所进步。

（2）依照学生的运动能力分组。一个班的学生在基本知识、体能、运动技能的发展等总会存在不同。因此，班级体育活动在对学生展开分组时肯定会碰到两种情况，一组为同质分组，另一组为异质分组。

同质分组的作用在于让小组成员之间一起增进，异质分组的作用则在于让小组内的参与者彼此取长补短一起进步。在实际操作环节里，教师能依照学生的具体状况与班级体育活动的重点进行安排，以实现学生的最优发展。

（3）依照学校的场地器材状况分组。场地器材为影响班级体育活动分组的一个不可缺少的部分，学校的体育场地设施不一样，采取的分组手段也会不一样，甚至根本不用分组。对于场地器材有限的学校，一定得依照场地器材的状况展开分组，以保证场地器材的充分利用与锻炼的最佳效果；对于场地器材充足的学校，分组的必要性则要低很多。

4. 班级体育活动场地设计

场地设计不仅能充分地利用学校的场地资源，同时能够让活动的内容变得多样，提高学生的练习兴趣，增进练习的时效性。一般而言，场地的设计思路有以下几种。

（1）尽情挖掘学校的场地资源，提高场地的利用率。从学校的情况与学生的需求出发，对场地再一次进行规划，最大限度开发场地的使用空间，对场地的布局方面进行一定调整，让场地与学生心理与生理特征相匹配。如：可在操场四周增设小足球门，把操场改造为几个球门的小足球场；在标准篮球场上划出两个小羽毛球场等，提高场地的利用率，满足不同学生的所需。

（2）尽量开发器材的功能，完成一材多用。依照器材特征确定其所具有的不同用途为应对器材种类不够的很好的方式。要尽量开发器材的功能，尽可能一材多用。如：跳绳，能够做绳操、抓尾巴等；小皮球，可用来当足球踢，也能够进行投掷，还可将其作为排球用。

（3）建造综合体育园地，让学生可以全面发展。综合体育园地为依照器材的特征与学生发展的需求，把不一样的器材依一定的手段组合在一起所组成的体育活动场地，其基本的特点是用途多，能够让学生可以有所全面发展。如：现在在中小学常见的“快乐体育园地”，不仅能够满足学生的多种锻炼需求，同时还可以激发学生练习兴趣，引导学生主动参与锻炼。

（4）自制简易器材弥补器材缺陷。结合学校具体情况，将废旧物自制成简易器材，不仅能够添置器材，还能够养成学生的动手能力与勤俭节约的习惯。如：用废旧轮胎摆成不一样的各式各样的障碍等。

（二）班级体育活动的实施

1. 班级体育活动的组织

（1）建立制度，形成学校齐抓共管的保证机制。对于学校而言，一定得严格依国家政策的要求对进行班级体育活动制定标准，建立完善的制度，形成齐抓共管的机制，保证班级体育活动的顺利进行。另外，不少学生的锻炼习惯都还没有养成，尤其是高年级女生，她们正处于青春期，不怎么爱运动，因此，得有一定的制度约束。

（2）成立班级体育活动领导小组，明确责任分工，各司其职。成立由政教处、体育组、学校学生会、学段与班级干部代表组成的班级体育活动领导小组，负责组织协调学校与班级的体育活动。下面对各组成部分的职责进行简单说明。

①领导职责。各级组织要在各位领导的带领下，主动发挥作用，彼此支持，认真工作。领导的职责主要有以下几点。

A. 负责校长责任制的建立和完善。

B. 要巡视到场。

C. 能主动参加活动，同时对具体状况要有一定了解。

D. 能迅速发现问题并及时应对。

E. 要提升对全校师生的引导力度。

F. 本着认真负责的工作态度并提高安全意识。

②班主任职责。班主任为班级体育活动组织与管理的主要力量，其特殊身份要求其为班级凝聚力的关键，班主任的职责主要有以下几点。

A. 对本班学生按照规定好的时间去参加活动非常在意。

B. 制订请假制度。

C. 负责学生的纪律。

D. 与学生一起参加活动，用自己的行动来教化学生。

E. 建立与学生相关的健康档案。

F. 感受体育的精神文化，让学生的体育兴趣能够得以养成，增进学生对活动的主动性。

③体育教师职责。体育教师要总体策划班级体育活动的安排，掌控活动的向前发展的方向，保证活动的科学性与实效性。体育教师的职责有以下几点。

A. 班级活动场所及内容的安排。

B. 进行活动时运动安全潜在危险的排查。

C. 锻炼手法的指示与运动技术的示范。

D. 组织学生骨干对学生活动的状况展开评比检查。

④医务人员职责。医务人员的职责有以下几点。

A. 负责健康检查。

B. 进行医务监督。

⑤学生干部与体育骨干的职责。学生干部与体育骨干的职责主要为：帮老师做好组织工作并主动进入锻炼活动中。

2. 班级体育活动的进行

依照中小学体育教师的工作情况，基本上所有教师全担负着多个班的教学任务，甚至几个年级的教学任务，因此，在班级体育活动里面也肯定存在一个老师带领几个班甚至几个年级的情况，这给体育教师提出了更高的要求。

体育教师可采取以下方法引领体育活动的进行。

（1）给学生较大自主性，推动学生自我引领。

①对学生的选择予以充分尊重，做好调研工作，给学生创造丰富的活动内容与练习手段。

②让学生依照自己的爱好与需求去选择，尽量尊重每位学生对运动项目的时间安排。

③进行合适的分组，在此基础上达成学生的自我管理。

这种方法通常在教师了解学生并和学生建立良好师生关系的基础上采用。

（2）科学安排班级的练习内容，教师展开巡回引领。不一样的练习内容，教师引领的程度也不一样，教师在科学安排每个班级练习内容的基础上，有针对性地进行巡回引领。

①对于学生已熟练了解的身体锻炼类内容与运动技能，教师应采取不引领或少引领的方法。

②对学生在进行练习时不熟练或有安全潜在危险的内容，教师最好重点关注，提升引领力度。

（3）培养体育骨干，让学生骨干引领。

①在不同学段与班级里培养一批体育骨干，提升骨干学生的责任心，增进他们的协调能力。

②让他们了解一定的体育知识、锻炼方法及安全保护知识，让他们能担负起组织、引领班级体育活动的任务。

这样，不仅能够让一批学生的责任心与组织能力得到发展，同时能够让老师在班级体育活动期间有足够的时间展开重点引领，以应对学生在锻炼中所遇到的难题，增强班级体育活动的时效性，推动班级体育活动向好的方向发展。

3. 班级体育活动的考勤

班级体育活动一定得建立严格的考勤制度，督促与引导学生进入到锻炼里面去。

首先，班级体育活动的考勤得有比较严格考勤制度，并在体育课堂教学与全校大型集会进行说明，让学生注意到考勤的严肃性，并彼此监督，积极遵守。

其次，要重视考勤的落实工作。考勤工作的实施基本上由班主任承担，也可由学校或班级统一安排学生干部来贯彻。班主任与体育教师应了解未参加班级体育锻炼学生的状况，对于无故不参加班级体育活动的人要予以批评。

最后，得定期进行检查与评比工作，依照学生集体荣誉感强的特征，定期进行以班级为单位的检评，并在学校的宣传栏公布评比结果。

4. 班级体育活动的安全

安全问题已经成为限制我国学校体育工作顺利进行的一个重要因素，在进行班级体育活动的组织时一定要高度认真对待安全问题，经各种措施与工作确保学生活动安全。

（1）提升安全教育力度，让教师与学生一起树立安全意识。疏忽导致事故，唯有提升师生的安全意识，才能非常有效地减少安全事故的出现。学校最好经多种渠道提升教师与学生的安全意识。教师要教育学生树立“安全第一”理念，不做不利于安全的事，在开展体操等安全潜在危险较多的活动时，注意并教会学生保护与帮助的手法。还要定期开展体育安全知识竞赛等。

（2）建立完善的安全制度，形成保证学生体育活动安全的机制。一个完整的安全制度应当涵盖以下几个方面。

①学校体育运动场地器材的质量安全和定期检查的明确要求。

②学生健康体检的明确要求与方式。

③特异体质学生进入到运动中的注意要点。

④学校定期进行安全教育的具体准备。

⑤学校与家长如何一起看好学生的健康的手法。

（3）制订班级体育活动的安全应急预案，及时处理安全事故。在做好安全教育与建立完善安全制度的情况下，学校最好制定体育活动的安全应急预案，在意外发生时，把事故产生的不良影响降至最低。安全应急预案的建立得符合国家的法律与相关科学知识，不能有悖于法律与科学规律。

二、课间操

（一）课间操的设计

课间操为课外体育的不可缺少的构成要素，为《学校体育工作条例》里法定的内容。

首先，课间操在每天上午第 2 节课后展开，时间在 20 分钟左右。

其次，课间操的内容有很多，基本上有以下几项。

（1）操类，如做眼保健操、广播体操等。

（2）校园集体舞。

（3）跑步。

最后，运动负荷最好不得过大，让学生能够很好地休息，以饱满的精力面对接下来的学习。

课间操可全校或年级一起展开，也可分班或小组展开，各校可依照具体状况把分操与合操结合起来。

1. 课间操内容设计

（1）眼保健操。课间操的传统内容的第一项为眼保健操。为了帮学生排掉眼睛疲劳，提升小学生视力不良的情况，该方式在新中国成立后对保护视力与预防近视起到了很好效果。

（2）广播体操。广播体操为课间操的第二个传统性内容。广播体操以大肌肉群活动与身体各个部位的尽情“展开”为主，身体活动幅度较大，与学生想要实现的效果相匹配，在音乐伴奏下展开的身体练习，动作与音乐的节奏感好，有较好的锻炼效果。

（3）校园集体舞。校园集体舞为课间操的新成员。如今学校里展开的校园舞蹈系由教育部颁布的《第一套全国中小学校园集体舞》，涵盖小学组《小白船》《阳光校园》，初中组《校园秧歌》《青春旋律》，高中组《校园华尔兹》《青春风采》。

校园集体舞一方面可以让孩子得到一定程度上美的体验与艺术的熏陶，另外也是孩子健身的手段。

（4）跑步。2008 年以来，在阳光体育运动的引导下，冬季长跑又成为冬季课间操的必修课，希望可以增进学生的耐力素质，跑步通常以班级为单位展开。

2. 课间操队形设计

（1）入场退场队形。得先确定好入场的方向，然后再确定队形。通常，队形有以下几种。

①散点队形。

②直线队形。

③带角队形。

④弧形。

⑤圆队形。

⑥综合图形队形。

经位置与方向的变化及入场与退场形式的变化，让学生在做操时对身边环境有一种新鲜感，在不断的变化里发现快乐，与学生生理、心理特征相吻合，其做操兴趣能够有所增进。

（2）做操队形。做操队形通常为散点式队形，也会出现变化，主要有以下几种。

①变化学生整体做操的站位。

②变换学生的做操方向。

（3）退场队形。退场时，通常以集合后的班级队形退场。现学校基本上都会明确要求以年级与班级顺序退场，按拟定好的路线逐步退场。

3. 课间操场地设计

场地为学生练习与表演的基本场所，站在学生的健康角度看，场地一定要平整，同时所标记的图形一定要清晰。

（1）正规操场设计。各班标识清晰、班级位置相对固定，在田径场地的投掷区域与足球门等其他设施附近的人员安排需注意留有足够余地，并注意让学生的视线能够观察到领操台。

（2）利用校园自然环境。部分农村的学校还应对开发校园身边的环境注意一下，如利用墙壁做攀爬墙，利用学校身边的小山坡、小树林、沙坑等自然地形修建跑道、健身区来扩大学校体育场地让学生锻炼。

（二）课间操的实施

1. 广播与音乐准备

（1）对音乐的要求。好的音乐能使人的精神和朝气体现出来。在确定音乐时必须注意以下几个方面。

①内容不能违和，得健康向上。

②与操的要求相吻合。

③与学生的年龄特征相吻合。

④尽量找原版音乐带。

⑤有条件的能够制作音乐，不过一定要选好主旋律。

（2）音乐的安排顺序。

①入场音乐。激昂、振奋的集结音乐铿锵有力、节奏欢快、明朗。

②活动部分音乐。依照具体状况有节奏、有力量、提起精气神。

③放松部分。轻松、舒缓。

④退场音乐。放松、欢快。

2. 领操台与领操员准备

（1）领操台准备。学校一般都会有领操台，领操台的位置通常位于操场的正前方居左一点，有主席台的学校，领操台则位于主席台的右侧。领操台通常为长方体，高度为 50 厘米，低于主席台，突出领操员的位置，方便领操员的动作被全体学生看清楚。上铺材料应美观一些、平整一些。

（2）领操员安排。

①安排 1 ~ 2 名学生在领操台上的领操员，每队前有 1 名队前领操员。

②选拔各种操的优秀学生做领操员。

③领操员的示范面依照操的进度、熟练程度而定。

④领操员应积极健康。

⑤领操员应起到示范作用。

3. 课间操的考勤与监督

（1）学校领导。学校领导对课间操的认真对待为课间操管理水平高低的反映。在课间操的管理上，学校领导对管理好课间操的深远作用有没有深刻的了解，对课间操有没有具体的要求等，全部会影响全校师生对课间操的认识，在这样的情况下对全校课间操的质量有所影响。领导首先得对其高度认真对待，体育老师与班主任在具体实施时才会有一个坚强的后盾，工作起来才会很流畅。

（2）体育教师。

体育教师应主动争取学校对体育工作的支持，结合学校的具体状况，向学校提出合适的建议，从广播操的具体招式到课间操的组织与管理等，全部应有高效的手段。

（3）班主任。班主任为课间操管理里最不可缺少的管理人员，班主任对课间操的认识程度为该班的课间操可不可以有质量保障的关键。班主任不仅应一直在场，同时对学生的做操要有具体的要求，发现问题应立刻处理与应对。在课间操的管理中，增进班主任的认识也十分重要，提升对班主任的培训力度也是不可缺少的。

（4）学生组长。学生组长是帮班主任做好课间操工作的重要“伙伴”，能够帮班主任监督学生做操质量、纠正错误做操动作等。学生组长最好定期进行交替，这样能够尽情展现学生的主人翁精神，为班集体的荣誉而努力做到最好。

4. 课间操的安全措施

（1）进出场的安全。以班级为单位慢跑或步行进入场地，按明确要求的地点与队形站好，体育教师与班主任应承管队伍的整合，确保进出场的安全。

（2）器材安全。体育教师与专职安全承管人员应定期检查篮球筐、篮球架、足球门等器材，定期对其进行维护，防止伤害事故的发生。

（3）引导手段。在开学初的大会上与第一节体育室内课展开安全教育，提升安全意识的力度，让学生能够养成不攀爬篮球架、不拿体育器械挥舞等习惯。

第三节　学校运动会与运动训练

一、学校运动会

（一）学校运动会的设计

1. 学校运动会开、闭幕式设计

学校运动会的开幕式为体现本次运动会性质、特征、规模等特征的一个点。单看综合性的运动会，其开幕式为一项规模大、人员多、影响深远的体育展示活动，是展示学校学风、校风以及体育精神的舞台。

学校运动会开幕式通常涵盖礼仪与表演部分，主要包括以下几个方面的内容。

（1）运动会入场（图 3－3－1）。

（2）升国旗、唱国歌。

（3）领导致辞。

（4）运动员裁判员宣誓。

（5）团体操表演。

开幕式的内涵在不断加深，如校歌演唱、文体俱乐部表演、军训成果展示等全部融入运动会的开幕式。

图3－3－1　运动会入场

2. 学校运动会内容设计

学校运动会一方面是对学校体育教学成果、校园体育文化的反映，另一方面也是学校学生体育运动开展状况的体现。

在运动会内容的安排上，一定要面向全体学生安排，另外要注意内容的经常变化。

（1）坚持以学生为本。运动会作为学校体育的一个不可缺少构成要素，其基本上是为了让学生体验运动与比赛的乐趣，体验集体归属感，体验多样的业余文化生活。所以，运动会应办成人人愿意主动参加，个个有参赛资格，并能享受体育乐趣的运动会。

（2）注意内容的更新。在运动会项目安排上，多选择趣味化的项目，既要重视体育的集体、竞技性，又要认真做好体育文化的传承，还要对体育竞技的群体性（图3－3－2）、教育性、娱乐性（图3－3－3）等进行相对的重点体现。

图 3－3－2　群体性集体比赛项目

图 3－3－3　太极拳集体表演

3. 学校运动会场地设计

学校运动会场地设计是保障学校运动会能够无障碍展开的基础。

运动会的场地不只是运动会各项比赛活动的影响因素，其本身也为一种教育的因素。所以，从某种层次上说为一种教育环境。例如，场地的合理利用，以人为本与安全比赛理念的贯彻，全部对学校运动会的组织有帮助，对吸引学生注意力有帮助。因此，要设计好场地，并从以下几个方面着手。

（1）场地设计要从运动会项目设计与学校场地的具体情况出发。运动会的项目设计是展开场地设计的前提。因地制宜，依照运动会项目的特征与场地的具体状况展开场地设计是保质保量完成运动会各项任务的基础。要求运动会场地设计应保障项目比赛的效率，不能产生人员、项目对赛程产生影响的情况。

（2）场地设计应考虑场地的实用性。学校运动会要求内容、比赛手段等丰富多样，希望有多块场地准备，场地设计一定要做到简洁、实用。设计时尽可能减少器材，尤其应减少小型器材的数量，准备时可变一种器材为多种用途。

（3）场地设计要美观、协调、形象。运动会之前富有艺术性的器材布置、醒目的标志线、生动的标语等都会给学生带来新鲜感，引起学生的注意，带动情绪向积极向上方向转变。从而可以更好地完成运动会的各项安排。

4. 学校运动会的安全保障设计

学校体育运动会是整个学校体育工作的不可缺少的构成部分，身心健康的发展为目的之一。

为了促进健康、增强体质，推动文化学习，让学生良好思想道德品质能够养成，举办运动会时，应认真遵循“健康第一”的原则，运动负荷的安排要适宜，防止过度疲劳。另外，应提升安全教育与卫生知识的宣传力度，严防伤害事故的发生。

学校运动会安全保障设计通常应做好下列五个方面的工作。

（1）做好场地、器材、服装的卫生检查。

①跑道应平整。

②沙坑里沙质应与标准相吻合。

③投掷区应设显而易见标志。

④跳高用的海绵垫方面的选择最好刚刚合适，而且软硬很好。

⑤合适的运动服是最佳的衣服。

⑥不能携带小刀等，以免发生危险。

（2）应做好秩序册的编排工作。

①不能让运动员接连参加比赛，参加过这一次又参加紧接而来的一次比赛。

②比赛期间医务人员应坚守岗位，避免突发事故，同时做好操练实

践等。

（3）做好体育卫生工作。

①做好准备活动（大约30分钟）。

②要保暖，确保在最佳状态下（准备活动做完4～5分钟）准时参加比赛。

③要保证饮水卫生与公共卫生。

（二）学校运动会范例

1. 体育节式运动会

体育节式的运动会是一个集竞技、健身、休闲娱乐、文化与服务于一体的综合性文化体育盛会，也是一个检阅不同运动项目的盛会。

如图3-3-4，为某中学学校体育节。

图3-3-4　学校体育节

2. 学校与社会联合举办的运动会

学校与社会联合举办的运动会是把学校体育资源与社会资源联系到一块，并进行整合的一项赛事活动。

学校的体育老师、场地、器材等全部是我国现在社区所相对欠缺的，而社会的部分捐助等又为举办学校运动会创造了必需的物质条件。因此，学校与社会联合的运动会能够达到优势与资源互补。并以此为基础使运动会的质量与层次得以提高。如2007年临江宝山培智学校与临江公园居委会一起开展的“关爱智障儿童，展现特奥精神”为主题的科普运动会（图3-3-5），使学校和社区相融，娱乐与比赛相融。

图3-3-5 “关爱智障儿童，展现特奥精神”科普运动会

3. 跨年级对抗性运动会

跨年级对抗运动会是以年级或班级为团体而展开的集体间对抗的竞赛活动，如剑桥国际中心举办的“团队之星”班级对抗运动会（图3-3-6、图3-3-7、图3-3-8、图3-3-9）就是跨年级对抗运动会的一个很好的例子。

图3-3-6 剑桥国际中心第一届“团队之星”班级对抗运动会（一）

图 3－3－7　剑桥国际中心第一届“团队之星”班级对抗运动会（二）

图 3－3－8　剑桥国际中心第一届“团队之星”班级对抗运动会（三）

图 3－3－9　剑桥国际中心第一届“团队之星”班级对抗运动会（四）

为了比赛，同学们与班主任为了班集体的荣誉团结合作，去争取比赛的胜利，而比赛的过程也给同学与老师们上了很好的一课，也让比赛里充满了同学、老师彼此之间的友谊与支持。

4. 达标运动会

达标运动会是推行《国家体育锻炼标准实施办法》，推动学生提升体质，让人人全部参加的运动会，对学校体育的全面向前发展有着积极的推动作用。

（1）对推动学校体育发展有帮助。经达标运动会，把达标上升到学校的正式考试范围中，并建立相应的体育达标档案，促使学生去参与到锻炼—达标—锻炼的环节中，推动学校体育的发展。

（2）对改进教学质量有好处。

经过对达标的合格率的统计，能够对学校的体育工作做一次量化考核，改变体育教师教学质量好坏与绩效无关的状况，以此为基推动体育教学质量的改进。

（3）对实施素质教育、促进学生全面发展有利。

素质教育为我国现阶段的一大教育方针，达标运动会要求全校所有学生全部要参加比赛，每个学生都能够得到锻炼，增强了学生的体质，还促进了他们身体的健康成长。

下面这几张图（图 3 - 3 - 10、图 3 - 3 - 11）为杭州市萧山区党湾镇第一小学达标运动会现场。

图 3 - 3 - 10　杭州市萧山区党湾镇第一小学达标运动会（一）

图3－3－11　杭州市萧山区党湾镇第一小学达标运动会（二）

二、学校运动训练

（一）学校运动训练的现状与问题

1. 学校运动训练的现状

（1）课余体育训练机制初步形成。

（2）学校体育协会得到健康的发展。

2. 学校运动训练存在的问题

（1）训练经费不足。

（2）竞赛制度不完善。

（3）教练员水平亟待提高。

（4）运动成绩出现上升，不过还有不小差距。现在看来，较大幅度运动成绩的增进已经在我国大、中学校出现了，但与《关于开展课余体育训练，提高学校体育运动技术水平的规划》中的要求相差甚远。参加世界大学生和中学生运动会的学生运动员也是凤毛麟角。

（5）学训矛盾突出。如何处理好学习和训练的矛盾一直是学校运动训练的顽疾。目前，我国学校运动训练主要是在学生上第一节课前或放学后的时间里进行，这对于要求有一定时间保证的高水平训练来说是远远不够的。训练结束后的运动疲劳感会影响学生运动员的学习效率，而且他们经常需要出去参加比赛，也会耽误学习。

大多数学生运动员由于长期从事艰苦的运动训练，文化基础较差，学习成绩普遍偏低，难以达到学校一般文化课或专业课的要求。

（二）学校运动训练的组织形式与管理

1. 学校代表队训练

学校代表队为我国课余体育训练最常见的组织形式，也是我国学校运动训练最有希望的训练组织形式之一。

学校代表队的任务十分明确，基本上也就是对部分德、智、体、美全面发展的学生，提升系统、科学的训练力度，以增进其运动技术水平，创造优异运动成绩，让体育后备人才得以养成。

学校运动队的组建与管理涵盖以下几点。

（1）确定训练项目。学校与体育运动后备人才培养试点学校运动队训练项目的确定是当地教育与体育主管部门依照体育向前发展的具体与现实条件协调确定的。而普通学校的代表队在确定训练项目时，一方面应考虑学校体育活动的基础与传统的体育项目，另一方面要考虑本校的师资力量、场地器材与生源状况。

（2）选拔运动员。对于参训运动员的选拔，能够参照竞技体育运动员选材的步骤进行，不过大多数状况下是体育教师在展开体育教学过程里，依靠自己的运动经验或训练经验看出部分学生具有一定的运动基础或天赋。选拔运动员时，最经常使用的测试指标涵盖以下几点。

①身体形态指标。

A. 身高。

B. 体重、体围。

C. 跟腱、足弓。

②生理机能指标。

A. 心率。

B. 肺活量。

C. 最大吸氧量。

③身体素质指标。

A. 力量素质。

B. 耐力素质。

C. 速度素质。

D. 灵敏素质。

E. 柔韧素质。

F. 平衡素质。

（3）配备引领教师。学校代表队的引领教师，基本上是本校的体育教师担任的。部分条件不错的学校，还会把业余体校的教练或体育俱乐部的教练请过来成为运动队的教练。

（4）建立规章制度。学校代表队是学校教育与体育的构成要素，在这样的情况下就应建立各项规章制度来提升对代表队及其训练的管理力度。

各类中小学通常应建立以下制度，目的是实现学校课余体育训练的制度化与科学化管理。

①奖惩制度。

A. 在运动成绩方面给学生的精神与物质奖惩。

B. 在学习成绩方面给学生的精神与物质奖惩。

②训练制度。

A. 作息时间。

B. 训练时间。

C. 训练次数。

D. 训练要求。

③学习检查制度。

A. 检查参训学生的作业及学习成绩。

B. 把握学生的思想状况。

C. 建立训练档案。

D. 记录好运动队工作日记等。

④比赛制度。即对外出参加比赛的学生提出具体要求。

⑤教练员责任制。即要求教练员对学生的训练、学习、生活等负起责任。

2. 运动俱乐部训练

随着学校体育改革的深入，课外体育活动形式多样，学校依照学生的需求组成了各种各样的运动俱乐部。

在我国，体育俱乐部基本上可分为以下几种。

（1）竞赛俱乐部。竞赛俱乐部则是以俱乐部的形式对具有体育天赋与特长的学生开展运动训练，是我国学校课余体育训练的一种相对来说比较新的形式。

（2）学习型俱乐部。一种为依托于公立学校以为地方养成高水平体育竞技人才为主，俱乐部的运行基本上依靠的是国家投入。另一种则以市场为导向，以收取学生学费为主，按商业机制运作。

（3）休闲型俱乐部。

（4）社区健身运动群体。

（三）学校运动训练的基本原则

1. 与学校条件相吻合的原则

与学校条件相吻合的原则指的是在学校运动训练的过程中一切以学校的具体条件为基准。

学校的具体条件包括以下内容。

（1）场地大小。

（2）器材状况。

（3）师资力量情况。

（4）学校的生源状况。

在开展学校运动训练时，应从学校已有的条件出发，优先考虑学校的优势项目，制订与学校具体条件相吻合的训练计划。

2. 发现与打基础为主的原则

所谓“发现”就是发现学生的体育特长。学校运动训练时，为了培养优秀体育后备人才目标的达成，应善于选拔与发现适合竞技体育运动，有潜力取得优异运动成绩的人才，这是尤为重要的。

所谓“打基础”，指的就是应依照儿童青少年的生理、心理发展规律，有目的地打好基础。儿童青少年时期为提高身体素质最佳年龄层次，要为他们以后进一步训练打好扎实的身体素质基础和扎实的技术基础。

另外，在进行运动员选拔时，还需要展开相关指标的科学测试，并考虑其他相关因素，以提升选拔过程的科学性。具体内容如下。

（1）身体相关指标。

①身体形态指标。

②生理机能指标。

③身体素质指标。

（2）其他相关因素。

①家庭因素。

②遗传因素。

③心理素质。

④运动素质。

⑤年龄因素。

3. 科学化与效率化原则

科学化主要表示的是：在学校运动训练中采用的训练手法要科学，训练计划的制订、训练负荷的安排等要合理。

效率化主要表示的是：学校运动训练每次训练的时间较短，要想取得好的训练效果，就得想方法把学校运动训练的效率提高。

科学化原则与效率化原则是相辅相成的。往往训练手段越科学，训练效率也就会越高。

第四章　体育教师

众所周知，体育教师扮演着十分重要的角色。其原因在于他们能够帮助学生拥有一个强健的体魄，促进学生身心的健康成长。如今体育教师的职责已经越来越多地转向怎样启发和激励学生的思考，教师必须集中更多的精力从事那些有效果的和有创造性的活动。就当前的发展形势来看，重视对在职体育教师的培训和终身学习，是提高师资质量、推动学校体育改革和发展的重要举措，也是未来学习化社会的必然要求。

本章主要围绕体育教师展开具体论述，内容包括体育教师的综合性分析、课堂管理、教学工作以及体育教师的培训与学习等。

第一节　体育教师的综合性分析

一、体育教师的地位与作用

在学校体育活动中，体育教师充当着组织者与指挥者的角色，这是因为体育课教学、运动队的训练、课间操的组织、课外体育活动的辅导以及各种体育比赛等均与体育教师有关，如果没有体育教师，那么这些活动就无法顺利展开。显而易见，体育教师是促进学生身、心、社会适应能力健康发展的组织者和指导者，是体育科学知识和体育方法手段的传授者和创造发明者，是学生良好思想品德的塑造者。学生的身心健康、全面发展以及学校的社会形象，都与体育教师之间存在十分紧密的联系。由此我们可以看出，体育教师比文化课教师更具影响力，且起到的作用也更加全面。

显然，体育教师所承担的历史使命，能够对我国新世纪人才培养的素质和质量产生直接影响。所以，体育教师应该受到充分尊重与特别爱护，可是当前的情况并不是这样。我们都清楚，学校往往追求升学率，使得体育工作与教师的地位低下，他们在职称评定、考评奖励等方面常会受到不公平待遇。体育教师由于这些消极的现状，其积极性遭到了打击，所以体育教学的质量日趋下降，进而对素质教育的全面实施产生了消极的影响。究其原因，既有复杂的社会历史根源，主要是传统的陈腐的教育观、人才观、体育观的影响，也与部分体育教师本身素质不高、教学水平和训练水平质量不高相关。

由此可见，体育教师的作用应该被全社会重视起来。教育部门与学校应该广泛宣传体育教师的作用与工作意义，改善其待遇，为其提供良好的工作环境与条件。只有做到这些，才能真正地提高体育教师的社会地位，调动其积极性、创造性，从而全面提高其素质。

二、体育教师分类

（一）按不同学制对体育教师进行划分

按照不同学制，可将体育教师划分为三大类，即小学体育教师、中学体育教师以及大学体育教师。这种划分主要是依据学校教育的不同学制与层次区别，相应地划分为不同学制阶段的体育教师。虽然他们工作的基本内容与方式基本相同，但在教育对象、工作环境条件与要求等方面有较大差异。

1. 小学体育教师

对于小学生而言，其体育学习主要依赖于教师的指导和帮助。教师还要依据小学生的认知特点，选择适合儿童特点的语言，开发学生喜欢的教材，设计愉悦的教学情境，激发学生的学习兴趣，发展学生的基本活动能力和部分运动技能。

（1）小学体育教师的队伍以专职和兼职相结合，其主要任务在于培养学生的体育兴趣。

（2）小学阶段的学生年龄小，知识经验少，对教师的依赖性较强，独立性较差。因此，小学体育教师应侧重于对体育课的组织和精心准备。

2. 中学体育教师

中学体育教师需要做的工作如下。

（1）中学体育教师的主要任务是担任“体育与健康”课程的教学，在传授体育与健康知识及运动技能的基础上，培养学生的体育能力，使学生养成主动锻炼身体的意识和习惯。

（2）中学体育的课外体育活动及课余训练与竞赛，不仅要承担全体学生参与健身活动、增强体质的任务，还要及时发现和培养学生体育特长，输送后备力量。

（3）中学体育教师需参与一定的科研工作。

3. 大学体育教师

大学体育教师需要做的工作如下。

（1）大学体育教师的主要任务是培养大学生体育文化素养，终身体育意识与价值观、基本运动能力与健康方法、基本体育知识以及从事体育锻炼、体育娱乐与欣赏体育比赛的能力等。

（2）大学体育教师所面对的教学对象是生长发育几近成年人的大学生，学生的主体意识与独立性较强，对教师的指导和帮助没有依赖感。师生的互动性、学生的主体性更强。

（3）相对于中小学体育教师而言，大学体育教师的科研任务相对较重，科研能力要求较高。

（4）大学体育教师承担高水平运动队的组织与训练工作，追求优异的竞赛成绩是其工作的努力目标之一。

（二）按不同成才特征对体育教师进行划分

按照不同成才特征，可将体育教师划分为四大类，具体如下。

1. 教学型体育教师

通常这一类型的体育教师都具有较高的教学水平，能够达到较好的教学效果。这一类型体育教师的特点如下。

（1）热爱体育教育事业与学生。

（2）有一定程度的教育理论与实践经验的积累，并能够将其发挥于教学之中。

（3）根据实际情况，激发并调动学生对体育的兴趣，调控教学氛围，有序地组织课堂。

（4）不一定具有很高的运动技术水平，但能够对学生正确地进行讲解与示范，引导学生掌握运动技能。

2. 训练型体育教师

这种体育教师会有一两项比较突出的运动技能，擅长组织学生进行课余体育训练。在运动训练中，这类教师能针对训练对象的身心特征采用合理的训练方法，并在竞赛中取得较好的成绩。虽然如此，但这种类型的教师不见得擅长体育教学，其中一些教师习惯以训练思维进行体育教学，收到的教学效果并不显著。

3. 科研型体育教师

近些年来，新的类型的体育教师崭露头角——科研型，这与素质教育的顺利实施存在十分紧密的联系。他们具备很强的自学能力，学习高层次的现代教学理论，并对高层次教研课题以及体育教育问题进行深入研究，能结合自己的课堂教学与课外训练，边学习、边设计、边研究、边实践，获取较高层次教育科研成果，形成自己独有的研究风格❶。由此，我们不难看出，科研型体育教师扮演着多重角色——知识的传递者、创造者以及教学规律的发现者。但这种类型的体育教师不见得擅长教学与训练，收到的教学效果往往不够显著。这种类型的体育教师，主要存在于高校之中。

4. 复合型体育教师

其实，我们不难看出，以上三类体育教师均存在优势与不足，所以近些年来又出现了一种更加适应社会需要的体育教师——复合型体育教师。这种类型的体育教师既要掌握专业知识，又要有一定的“边缘”知识，而且要有运动特长，并能将其运用于实践。在全国各地的特级体育教师中这种复合型优秀教师较多，他们都是体育教师队伍中的主力。

总而言之，在具体的教学实践中，我们应根据不同类型体育教师的优势，有针对性地加以优化利用，从而使每一位体育教师都能充分地将其价值发挥出来。

三、体育教师的劳动特征

体育教师是整个教师队伍中的一个特殊群体，与其他学科教师比较，体育教师的劳动具有以下特征。

（一）工作广泛性与多样性特征

学校体育是德、智、体全面发展的教育活动的重要方面，不仅是学校教育设置的一门学科，还是实现教育目的不可忽视的重要“一育”活动。这就决定了体育教师的劳动具有广泛性的特点。其原因在于，为完成这“一育兼一科”的教育教学，体育教师要承担多个班级的教学任务以及全

❶ 周登嵩．学校体育学［M］．北京：人民体育出版社，2004．

校课外体育活动、竞赛的组织任务。

除了完成体育教学任务外，体育教师还要承担大量的课外辅导、群体活动、运动训练、运动竞赛等工作。社会体育的开展，也需要体育教师给予技术传授和指导。由此可知，体育教师的工作比其他学科更加多样化。

（二）工作艰苦性特征

与其他学科教师相比，体育教师在劳动上最明显的不同之处在于他们主要是在教室外工作的，且直接参与“运动”活动之中。其工作比较艰苦。我们都清楚，体育教师主要在操场或运动馆中给学生上课，使得学生在体育课内大多处于动态状况。这就对体育教学的课堂组织、教法提出更严密、更高的要求。同时，体育教师在露天课堂上还要经受风雨寒暑等恶劣环境的考验。

（三）对学生教育影响的全面性特征

体育教学中的教材内容和课外体育中的运动项目，是促进学生身心全面协调发展的教育信息载体。这些内容都有完整的规则和一定的文化内涵，同时体育教学、训练和课外体育活动都是有组织、按规则地进行的，通过体育教师合理而科学地组织的这些活动，可以培养学生的道德品质，如遵守规则与纪律、热爱集体等。参加锻炼和训练的过程，实际上又是一个克服困难、艰苦磨炼的过程，能够陶冶学生的情操，培养其意志与心理素质。体育教师还通过课内外的教学训练工作帮助学生形成文明的行为方式和良好的体育作风，使其得到全面发展。

第二节　体育教师的课堂管理

一、课堂管理的内容

（一）体育教师的自我管理

体育教师的自我管理，具有十分重要的意义，我们万万不可小觑其作用。体育教师承担着对来自社会实践的知识经验进行精心加工整理，然后以学生能理解接受、便于掌握的方式传授给学生，并促进学生发展身体的职责。由此，我们不难看出，体育教师的自我管理是必不可少的，如果连自己都管理不好，那么如何管理好学生呢？对于体育教师而言，务必要做到以下四点。

（1）忠于教育职业，不离岗、不失职，有献身精神。

（2）尊重、信任、严格要求学生，既能一视同仁，又能因材施教。

（3）教学仪态要做到沉稳❶、老练❷、亲切❸、自然❹。

（4）教学的技术要全面❺、多样❻、灵活❼、巧妙❽。

（二）体育教师对学生的管理

教师对学生的管理，一方面要注意分析学生的行为，另一方面要善于维护课堂纪律，同时还要切实培养学生的自律意识。其中包括三个方面，具体如下。

1. 分析学生的行为

分析学生的行为，是教师应该做到的。体育教师应对学生的头、眼、耳和嘴等的身体动作进行分析，结合情境做出大致的判断，以便为采取措施提供依据。比如，昂头，表示抗议、逆反、不满、不服气；低头，表示顺从、认输、服气；眼神左躲右闪、不敢正视老师，可能有违纪之嫌等。教师要把这一切行为放到具体的环境中，辨别其真实含义。

2. 维护课堂秩序

维护课堂秩序，是教师应该做到的。有些学生会违反课堂纪律，这就要求体育教师善于使用引导、劝说的方式，迫不得已时要实施惩罚。但不可将考试扣分等当作惩戒手段。当然，有些教师也会违反课堂纪律，如上课迟到、工作作风粗枝大叶等。如果出现了这种情况，那么教师应当加强自我的修养。

---

❶ 沉稳就是稳重而不做多余的动作，以免分散学生的注意力。

❷ 老练就是用娴熟的技能和恰当的教法吸引学生，使其思维集中。

❸ 亲切就是用和蔼的态度教育学生，动之以情，晓之以理。

❹ 自然就是循循善诱，由浅入深、由近及远，使学生深刻理解、融会贯通。

❺ 全面就是知识广博、精通专业，具有丰富的教育学、心理学、管理学等多方面的文化素养。

❻ 多样就是掌握多种教学手段，会使用课堂讲授、直观教具、试验演示、实习指导、电化教学等方式，生动形象地传授知识。

❼ 灵活就是善于选择和使用恰当的教学方法，又不拘泥于某一种或某几种方法。

❽ 巧妙就是能够随机应变、得心应手，教有新术、管有新招，实现教育教学和课堂管理的最优化。

3. 培养学生的自律意识

通过教育是形成人的自我教育和管理意识，使人成为自治的人。以下三点是学生自律意识的表现。

（1）能够正确地认识、分析、评价自己，发现自己的长处与不足。

（2）能够自我体验、自我激励和自我调节，不断提高情感的自控能力。

（3）能自觉维持课堂纪律，遇到问题积极寻找对策。

由此可见，教师对学生的管理，能够帮助学生从他律过渡到自律。

（三）体育教师对课堂环境的管理

体育课堂管理发生于特定的课堂环境[1]之中。体育教学既包括课堂教学的物理条件，也包括师生交往的心理条件，同时还包括诸多外在的社会条件。其中，课堂的心理环境管理主要是包括师生的心境、教和学的态度、教学中的情绪体验、师生关系等。教师在教学与管理上不能一成不变，应根据课堂氛围来对其进行调整，以取得预期效果。

体育教师的课堂管理并不仅仅局限于在场地现场，也会受来自课堂外部的一些因素的影响，譬如其他人的走动或者观望等，都会分散部分学生的注意力。由此可见，教师须正确对待和处理这些外界环境因素。

（四）体育教师对教学内容的管理

教学内容是通过教材来体现的，由于教师对教材的处理主要涉及备课与讲课，所以对教学内容的管理也应着重两个方面，具体如下。

1. 内容准备方面的管理

体育教师应在教学内容准备上进行管理，需做到以下四点。

（1）要真正领会课程标准，并按其进行教学，促使学生达到标准要求的水平，并掌握需要掌握的内容。

（2）对相近学科的课程标准进行了解，使这些学科与体育学科进行关联，以提升教学效果。

（3）理清每一单元知识的逻辑结构（要求、概念、理论等），以保证学生能够获得系统的知识。

（4）抓住每一节课的重点，并处理好入与出、博与约、实与活、教与

[1] 体育课堂环境主要指师生活动其中的，并能影响其行为的一切内外部条件的总和。

学等的关系。

2. 内容传输中的管理

体育教师还应在教学内容传输中进行管理。在讲课过程中，教师应该讲究课的结构的合理性，基本按照组织教学、检查复习、讲授、巩固的步骤来进行。当然，也须根据各种情况灵活地、创造性地安排和对待，正确审视各个部分的必要程度，各部分在整个结构中的地位、顺序及最恰当的时间分配等。良好的课堂教学内容传授行为是规范性、调动性、交流性的和调节性的，教学效果则是积极的、主动的、愉悦的和富有创造性的，这一点需引起我们的重视。

（五）体育教师对教学方式的管理

如今，体育的深化改革和发展为我们的体育教师创造性地开展教学提供了更广阔的发展空间。课程改革所倡导的新观念，将深刻引导教学方式的改变，主要表现在以下四个方面。

（1）由重知识传授向重学生发展转变。

（2）由重教师的教向重学生的学转变。

（3）由重结果向重过程转变。

（4）由统一规格教育向差异性教育转变。

所以，教师应做到以下几点。

（1）教育学生养成良好的习惯。包括作息、主动学习、钻研问题等。

（2）重在教学生掌握学习方法，学会学习。

（3）注重启迪学生的智慧。

（4）给学生充足的时间，使其可以对时间进行自由支配。

（六）体育教师对评价方式的管理

1. 体育教师对学生的评价

传统的评价方式十分单一，即仅仅关注学生的学业成绩。显而易见，这十分不利于学生的全面发展。这就需要每位体育教师立刻采取措施改变这种评价情况，即对学生进行全面了解，了解其需要，发展其潜能，帮助其认识自我、提高其水平，从而使评价的功能得到最大程度的发挥。

2. 体育教师对自我的评价

体育教师要树立终身学习的观念，这才能成为一个优秀的教师。当今社会已经进入一个需要终身学习的时代。体育同样如此。身为体育教师，必须成为学习者。体育教师只有再度成为学生，才能与时俱进，不断以全新的眼光来观察和指导整个教育过程。

二、课堂管理的过程

（一）建立和一贯执行必要的体育课堂教学常规

在上课之前，体育教师应对学生讲明课堂上可做与不可做的行为。这些无疑是课堂中的常规。教师要帮助学生适应并习惯这些常规，否则课堂将很难进行有效管理。

（二）认真观察与分析学生的行为

建立教学常规后，体育教师还要留意学生的行为，并加以分析。如果学生的行为不符合常规，那么教师要采取适当的措施来进行处理。

（三）及时妥善地处理违纪行为

观察与分析学生的行为后，如果出现了违纪行为，那么教师应及时进行妥善处理。在这里，需要特别注意的一点是，教师在处理违纪行为时，要尽可能保持教学的顺利进行，中断教学不利于其他学生的学习。

（四）正确运用奖惩手段

奖惩手段，是每位体育教师在课堂中一定会运用的手段，以更好地维持秩序。奖励积极性行为是维持纪律的课堂管理的最有效的方法之一。当学生的积极性行为得到奖励后，这种行为将得到巩固与强化。体育课中的奖励方式通常是非物质性的。为了维持纪律，一定的惩罚是必要的。在体育教学中，惩罚的方式主要有以下两种。

（1）挫折型，即暂时中止违纪学生参加体育学习活动的权利。

（2）否定型，即当众批评，课后留下，等等。

（五）严密课的组织，提高练习密度

体育教师要注意严密课的组织，充分利用现有的场地器材，合理分组，增加学生实际从事练习的时间，提高学生的练习密度，减少违纪行为现象的发生。

三、师生间的互动

（一）体育教师要从职业型教书匠转向事业型教育家

毋庸置疑，传统的体育教师就是教书匠。显然，这已经无法跟上时代的脚步，无法满足时代的需要。为此，联合国教科文组织提示各国教育界：使教师们从一心传授知识的工作中摆脱出来，使他们能够更好地致力于作为一个教育家所应负的使命。

体育教师如果想成为一名教育家，那么一定要做到四点，具体如下。

（1）顺应时代的发展，树立科学的教育观、人才观、质量观。

（2）目光长远，贯彻落实国家教育方针，以培养全面发展的、有创新精神的人为己任。

（3）在教育实践中灵活运用教育理论。

（4）开发学生的潜能与个性，塑造其灵魂。

所以，体育教师应尊重学生，这样才能赢得学生的尊重。尊重是相互的，这一点需谨记。

如今，体育教师的知识能力可能会逊于其学生，毕竟在当今这个信息时代，学生通过网络便可以轻而易举地学到知识。这就要求体育教师放下架子与学生建立既是师生，又是朋友的关系。体育教师指导学生学习，同时也要真诚地向学生学习，包括学习学生的良好品德和知识能力，教学相长，共同进步。体育教师作为学生的朋友不是完整意义上的私人朋友。师生之间的基本关系毕竟是一种由于教学制度而发生的支配和从属关系，是以公务情感为基础的朋友。因此，体育教师不能过于热烈地扮演朋友的角色。

（二）体育教师要从知识技能的传授者转向学生发展的促进者

曾经，传授知识技能是体育教师的主要职能，这已经无法适应当今时代的要求。体育教师要朝着学生发展的促进者方向发展，需做到以下四点。

（1）积极地旁观，让学生自主观察、实验或积极地看，积极地听。同时，设身处地地感受学生的所作所为，所思所想，随时掌握课堂中各种情况，并考虑如何对学生进行心理上的支持。

（2）为学生创造良好的学习氛围，用恰当方式对学生进行心理安慰与精神鼓舞，以提高其学习热情；公平地对待每一个学生，给他们同等的机会参与练习，并且做到公开评价。

(3) 注意培养学生的自律能力，注意教育学生遵守纪律、与他人友好相处，培养合作精神。

(4) 体育教师变成平等的合作者。体育教学过程是师生交往、共同发展的互动过程。交往意味着教师与学生之间的平等对话。彼此形成一个真正的学习共同体，体育教学过程不只是忠实地执行课程计划的过程，而且是师生共同开发课程资源的过程。

四、课堂与外部的互动

在体育教学中，教师要按照新的课程要求，不断挖掘体育教学的潜能，使其获得综合效益，为学生的终身体育打下良好的基础。

实际上，学生在课堂上学的体育基本知识、技术、技能，要靠课外体育活动来进行消化、巩固。学校课外体育活动是体育课程的延续和补充，是学校体育教育过程中不可或缺的环节，它为实现学校体育目标提供了又一重要途径。课外体育教学是学校体育的重要形式，对于体育课程目标具有潜移默化的作用。由此可见，注重课内外结合是实现体育课程目标的重要部分。

体育教师一定要做到深入体育活动去引导学生开展课余体育活动，以增强其锻炼的积极性。教师在开展体育活动上，一定要注意结合学生的情况（生理特点、心理特点等），使其产生兴趣，并养成自觉锻炼的良好习惯。

另外，还可以利用学生的喜好，组织各种兴趣锻炼组，提高专项成绩，从而充分发挥学生学习体育的主动性和独创性。此外，为使体育走进学生的生活，需要建立学校与家庭，学校与社会，教师与家长之间的联系，以及时了解学生各个时期的动态，解决学生在各个时期遇到的困难，帮助他们养成良好的锻炼习惯。

第三节　体育教师的教学工作

一、提高政治业务水平

体育教师应认真学习马克思主义的理论和国家的教育、体育方针，努力钻研业务，忠诚于党的教育事业，掌握增进学生身心健康的手段和方法，完成学校体育的任务。树立忠诚于党的教育事业和安心终身做体育工作的思想，具有高尚的道德和为学校体育事业献身的精神。

二、教书育人，全面关心学生身心健康

教师要教书育人，取决于教育在社会生活中的地位和根本任务。体育教师在传授体育技术、技能的同时，还应该对学生进行思想品德教育，关心学生的全面发展。要认真执行国家规定的有关制度、法令、教学计划和教学大纲，并从实际出发，按具体条件制订各种体育工作的计划。鼓励学生树立远大的理想，培养他们吃苦耐劳、勇往直前的拼搏精神。全面关心学生的身体健康，组织好课余体育锻炼，搞好校内外体育竞赛。体育教师要协同校医室定期检查学生的身体，并对学生的身体形态、机能、素质进行测定、评价，建立学生健康卡片，使学校体育工作和卫生保健工作密切结合。

三、提高教学质量

体育课是学校体育的重要组成部分，学生体质的增强与体育课有十分紧密的关系。如果想衡量一个体育教师水平的高低，那么从其体育课是否能上好就能看出。体育教师应根据上级对体育工作的指示、学校的教育计划、体育课程标准以及国家颁布的有关教育、体育法规和制度，结合有关部门制订学校体育工作计划和体育方面的规章制度，深入钻研教学大纲和教材，从学生和学校实际情况出发，认真制订好各种体育教学工作计划，努力上好体育课，使教学质量得到提高。

四、组织指导课外体育锻炼

课外体育锻炼具有一定的优势，这是体育课无法替代的。这就为每一位体育教师提出了要求，即要善于组织、指导学生课外体育锻炼。在课外体育活动上，体育教师要尊重每个学生所选择的运动项目及时间的安排，向他们提供不同的活动内容、方法，让其进行自主选择。

五、开展课余体育训练与竞赛

体育教师要多组织体育比赛。比赛开始前、比赛期间、赛后，都要做好相应的工作，具体如下。

赛前，要明确比赛的目的、规模、组织机构与经费预算；制定竞赛规程；建立校内组织机构。

竞赛期间，做好裁判员工作以及开幕式、闭幕式、观众与运动员等方面的管理工作。

竞赛结束后做好总结。

体育教师还负有开展体育训练的任务。通过体育教师发现和挑选具有优秀运动材质的学生，并对其组织科学合理的课余训练，是发展竞技体育的重要基础。

六、协助学校和教研组（室）做好各项工作

体育教师要积极主动承担各项社会工作，成为一名优秀的学校体育的参谋和教研组长的助手。根据教研组（室）分工，做好体育宣传教育工作。努力改善学校体育工作的客观物质技术条件。我国尚处于社会主义初级阶段，学校体育工作的物质技术条件较差，会对学校体育工作的开展产生直接影响。体育教师有责任并要努力改善学校体育的物质条件，如自制体育器材，协同总务部门做好场地、器材的选购、维护以及管理工作等。

第四节　体育教师的培训与学习

一、体育教师的培训

（一）体育教师培训的必要性

1. 提高体育教师自身素质的需要

培养人才要靠教育，教育的关键在教师。体育教师的政治思想水平、业务能力和文化修养，将对教育的质量和学生的发展产生直接影响。为适

应时代发展的要求，体育教师必须不断地完善自我，通过在职培训提高自身的素质。

2. 体育知识更新的需要

由于现代科学技术的不断发展与进步，许多新知识、新理论不断渗透到体育科学中来，出现了许多以现代科学为依据的新概念、新观点、新理论、新技术以及新的教学形式、教学方法，新的检查评价方式等，从而对体育教师的工作提出了全新的、更高的要求。因此，体育教师必须要接受新知识的洗礼，通过在职培训不断提高，以更好适应时代发展的需要。

3. 推动学校体育改革和促进学校体育发展的需要

对于学校体育改革而言，体育教师是具体实践者。学校体育的改革正在如火如荼地进行，学校体育改革要求广大体育教师转变观念、更新知识、强化能力。因此，有必要通过在职培训，培养在职体育教师深化改革的能力。在职培训的模式有岗前培训、院校培训等多个种类。

（二）体育教师培训机构

体育教师的培训主要由以培训、提高在职教师为主的教育学院系统来承担。东部发达地区、省、地、县三级大部分都有教育学院或教师进修学校；西部、中部等不发达地区，省、地两级或至少省级建立了教育学院。另外，一些师范院校、综合大学、广播电视大学等也陆续开展师资培训工作，成为体育教师继续教育的重要力量。

（三）体育教师培训的模式

1. 岗前培训

新任职的体育教师都要经过岗前培训，这种培训主要有以下两种途径。

（1）参加校外新体育教师脱产培训，通常由教师进修学校或师范院校来承担培训任务。

（2）在校内由本校组织学习提高，如组织培训班或指定老教师传、帮、带等。

2. 校本培训

校本培训[1]也是体育教师培训的模式之一。其优势主要体现在以下四个方面。

（1）具有较强的针对性。校本培训以学校和教师的实际需要为出发点，与校情和教师工作紧密相连，培训结果可直接转化为教师的教育教学能力。

（2）创造终身学习的氛围，提高、拓展了培训时间和受训教师的覆盖面。

（3）优化学校现有的各种资源，如信息资源、人力资源、管理资源等。

（4）促进教育科研与教育教学实践的紧密结合。

3. 院校培训

（1）学位课程培训。学位课程培训[2]主要是针对未达到国家规定学历或学位的在职教师开展，如教育硕士专业学位（EDM）的培养。时间为1~3年。

（2）短期进修培训。短期进修培训[3]可依据培训目标的不同将其进一步分为教师岗位培训、骨干教师培训、专题研究培训等。与学位课程培训相比较而言，它的培训时间较短，且更具灵活性。

校本培训与院校培训之间的区别见表4-4-1。

表4-4-1　“校本培训”与“院校培训”的区别

	校本培训	院校培训
理念	放在学校和教师的实践中，培训随时随地地渗透到教师真实教学情境中，培训基层化、全程化。	提倡教师回到大学等培训机构接受继续教育。
主体	中小学校起主体作用，培训中的问题主要由校长和教师共同分析解决。	大学（师范院校是主体）、教育学院、教师进修学校。

[1] 校本培训是以教师任职学校为基本单位，以校长为第一负责人，以教师在工作中学习为基本特征，把培训与教育教学、科研结合起来的一种培训模式。

[2] 学位课程培训即通过参加学位课程学习进修，达到一定的学历或学位水准，获得相应证书。

[3] 短期进修培训是根据中小学教育发展需要而开展的培训活动。

（续表）

	校本培训	院校培训
目的	来源于学校实际，学校需要与培训目的相统一。	依据有关行政部门政策、本地区实际要求而定，实效性受一定制约。
内容	一般以问题为中心，遭遇到同样问题的教师集中培训，增强解决此类问题的能力。	一般以学科为中心，同学科的教师集中接受培训。

（四）体育教师培训的课程设置

通常情况下，学历补偿教育的课程设置要服从于体育教师培训机构（主要是高等师范院校）相应学历水平的课程计划。短期培训的课程设置与职前培养阶段应是彼此衔接、一脉相承的，培训课程应更贴近体育教师教育教学工作的实际需要，更注重教学能力、科研能力的提高。因此，其课程设置应该具有一定的灵活性和针对性。

（1）加强教育理论、体育理论的学习，及时更新观念、拓展知识，并能熟练运用于教学实际中。

（2）拓宽、加深、更新体育知识和理论。

（3）加强对《体育与健康课程标准》、体育与健康教材及教法的实践和研究，注重理论联系实际，帮助体育教师了解和熟悉新课程标准，培养其贯彻实施新课程标准的能力。

（4）提高教学与科研能力。

二、体育教师的终身学习

（一）终身学习概述

终身教育最早形成于20世纪60年代。1965年，终身教育思潮形成了，其标志就是法国成人教育家保罗·朗格朗出版的《终身教育导论》。终身教育概念的核心是从时间维度出发进行的概念界定，是指贯穿人一生的教育形态，是一种从摇篮到坟墓的教育。其有横向和纵向两个方面，具体如下。

（1）从横向的角度来讲，终身学习主要包括三个领域的教育，即家庭、学校和社会。

（2）从纵向的角度来讲，终身学习指贯穿于人一生中的婴幼儿期、青少年期、成人期及老年期 4 个层面的教育。

学习型社会是在终身教育思潮基础上出现的一种教育潮流。建立在终身教育基础之上的，有利于实现教育与社会之间的有机联系并能对社会发展起到极大促进作用的社会，就是学习型社会。

从大体上来讲，终身学习的概念包含三个方面，具体如下。

（1）学习型社会是终身学习的前提，也就是社会必须为人们的终身学习提供学习的条件和机会。

（2）终身学习是一种陪伴人一生的学习方式。

（3）必须打破某一种教育机构垄断教育的局面，必须实现社会处处是教育、社会无处无教育的学习化情景。

（二）终身学习的特征

1. 终身性特征

从时间上讲，终身学习是延续了个体人一生的教育理念，这就突破了传统学校教育固着于人生某一特定阶段的模式，使教育成为贯穿人生始终的活动。

2. 平等性特征

平等性主要体现为个人具有民主、平等的受教育机会。无论是教育的时间安排、教学内容的选择、教育方式的取舍，还是学习权利的获得、学习结果的评价等方面，都要求具有相应的平等保证。

3. 主体性特征

终身学习是一种从学习者自身需要出发的自愿的学习，要求充分体现出学习者的主体性地位。这种主体性特征所延伸出来的就是终身学习中学习方式的个性化，即不同的学习主体在学习方式的选择上具有符合自己实际个性的特点。

4. 生活性特征

生活性是指终身学习成为人的日常生活的一个重要组成部分，教育融于日常的生活，使得教育和学习不再是传统的独立于人的生活的孤立活动，而成为人的生活的一部分。教育的生活性的获得，使教育从圣殿走向民间，能够对教育的民主化与平等起到促进作用。

5. 发展性特征

发展性是指终身学习最终的目的是出于人的发展和社会的发展的需要。发展没有终极性目标，其目的是在原有水平的基础上实现个体和全人类的发展的最大化，并可以不断发展。

6. 理想性特征

所谓理想性是指学习型社会和终身学习目前还具有理想的特征，对于如何具体实施还未能解决，在很长时期之内还只能是一个人类为之奋斗的理想[1]。

（三）体育教师终身学习的必要性

1. 未来社会的必然要求

进入21世纪，终身学习逐渐成了一种潮流，风靡全球。我国也十分重视终身学习这一思潮，并在党的十六大提出了建设比较完善的终身学习的学习型社会。可见，体育教师的终身学习理应是未来学习型社会的必然要求。

2. 知识不断更新的必需

一次性的学校教育已经无法顺应社会发展潮流，无法满足人们不断更新知识的需要，而终身学习却能做到。因此，体育教师在职所受的继续教育和不断地自学对体育教师知识的更新已显得非常重要。在知识爆炸的年代里，体育教师必须首先具备学习者的新型角色定位，树立起终身学习的观念，不断地学习、了解和掌握新的知识和信息，这既是广大体育教师更好地完成本职工作的重要保证，也是其自我升级和可持续发展的必需。

（四）体育教师终身学习体系的构建

1. 终身学习体系的内容

（1）学习进程的终身性。终身学习体系的构建是以不断推进个人和社会发展为最终目标的，将学习作为社会和个人发展的手段，并延续个体的一生，成为持续终身的活动。

（2）学习机会的开放性。终身学习体系是一个学习机会开放的体系，

[1] 陈雪红．学校体育学［M］．北京：北京师范大学出版社，2011．

任何人都随时有可能获得学习的资源、学习的机会。

（3）学习者的主体性。主体性体现在学习既是个人的一项权利，也是个人应负的一种责任。充分尊重学习者的主观能动性，积极倡导自我导向的学习，使得人们可以根据自身情况与需求，自主选择学习内容与方式。

（4）学习型组织的普遍性。在终身学习体系中，学习型组织普遍存在，包括家庭、居民社区、政府机关等。他们在发挥自己专业职能的同时，不仅为本组织的成员提供学习的机会和条件，保障本组织的可持续发展，同时也为社会民众提供广泛的学习机会和条件。

（5）教育资源的共享性。教育资源的共享性表现在以下两个方面。

第一，在终身学习体系中的各级各类教育是一个有机整体，统筹规划，合理配置教育资源。

第二，教育系统与非教育系统之间互相开放，以拓展教育资源，实现教育资源的广泛共享。

2. 体育教师终身学习体系的构建要求

（1）营造体育教师终身学习的社会氛围。体育教师终身学习体系的构建应是一个自发、自然的过程，但在现阶段远远没有达到自发、自然的形成与发展的境界。因此，需要全社会形成一种终身学习的氛围，以使体育教师在这种氛围中逐渐树立起终身学习的思想意识。

（2）建立体育教师终身学习的保障机制。社会要建立一整套终身学习的法律、法规，并在此基础上，建立健全包括体育教师在内的保障机制。

（3）为体育教师的终身学习提供丰富的教育资源。社会要转变各类教育的消极现状——自我封闭，促进相互间的衔接、沟通和融合，以便形成现代大教育整体。

（4）加强体育教师教育的课程建设。课程的构建应结合当前教育与教学改革的要求，考虑体育教师职业化发展的趋势，制订不同时期、不同阶段体育教师培养的规格与要求，创建体育教师职前培养和在职培训一体化的课程体系，课程学习要超越对学科知识的简单的认知性学习，要以培养具有创新精神和实践能力的高素质的且具有高尚职业道德的体育教师队伍为目标。

（五）体育教师终身学习的主要内容

1. 提高自身文化素养

提高自身文化素养，无疑是体育教师在终身学习中最应该注意的一项内容。我们都清楚，当今社会的教育十分重视素质教育，这对教师的素质也提出了很高的要求。如果教师素质不高，那么学生的素质也不会高。体育教师的文化修养的提高是实施素质教育的前提和必要条件，体育教师担负着育身育心的职责，应注意不断地学习、了解和认识素质教育这种新的教育思想，并在体育教育教学活动中加以贯彻；应保持严谨的治学态度和高度的敬业精神，克服急功近利的思想，加强自身文化修养，从而对学生产生积极影响。

2. 提高创新能力

体育教师的终身学习不仅是专业知识的不断学习，更重要的是对教育改革形势的关注与响应，要在不断的学习探索中，使自己的教育观念、教学手段等都紧跟时代的要求，能培养合格人才，服务社会。所以，体育教师应做到以下两点。

（1）教育观念必须改变。如今的形势要求教师必须改变教育观念，使原来的角色——知识的传授者，转变为鼓动者与引导者。体育教师应敢于创造，创造出前所未有、适合学生的教学方法，以保持课堂的生命力。以学生为主体，使学生敢于以我为主。同时，体育教师应发挥自身在体育教育中的主导地位，引导学生多思、多想、多练，掌握体育锻炼的原理和方法，使其充分感受科学体育运动的方法与乐趣。在教学中充分展示教与学的双边互动效应，建立探究式的学习方式。

（2）优化课程体系、整合课程内容。对于不同的教育对象，体育教师要积极调整教学目标与内容，尽可能满足其要求。在终身学习体制下，知识更新速度加快，教师的学习能力的提高也非常必要。所以，教师必须加强搜集和处理信息的能力，获取新知识的能力以及团结协作等方面的能力。

3. 提高社会活动与交往能力

体育教师应积极参与科学研究、社会服务和实践，使教学过程与社会联系，增强自己适应社会的能力并服务社会。

4. 运用信息技术发展终身教育

随着时代的进步，当今的信息技术越来越发达。教师应顺应这种变化，积极应用现代化教学手段（如远程教育网络、多媒体技术等），加强相关知识的学习，积极进行网络环境下实现双向交互式教学的研究。

第五章　体育教学的设计实施与评价

第一节　体育教学的设计与实施

一、体育教学的设计

（一）体育教学设计概述

1. 体育教学设计的含义

一般，体育教学设计是从体育教学系统的整体性出发来看的，以体育学科的特征为基础条件，将学生、体育教师、场地器材和要实现的教学任务等方面内容全部思考进去，仔细考虑体育教学也许会产生各种可能情况，有目的性地设计出应对所有可能情况的教学行动方案，并接着于实施体育教学时对行动方案的可靠性进行评价，提出自己看法的同时予以改正，最终的目的是希望可以使体育教学相关方面的活动取得最优的教学效果。这一针对体育教学而展开的教学行动方案的设计过程即为体育教学设计。

另外，它既要与教学设计的一般的规律相吻合，又一定得与体育教学的特殊规律相吻合；它既含有教学设计的一般性，又含有体育教学设计的特殊性。

2. 体育教学设计的意义

（1）体育教学设计对凸显体育教学活动中学生的主体地位而言是非常不错的。体育教学设计是在对学生拥有全面的认识和思考，获取很多信息的基础上展开的。通常，体育教师会依照国家对各级学校体育课程任务的总的要求，以全体学生的发展为最终目的，开展以下活动。

①对体育教学任务进行确定。

②对体育教学策略进行相应选择。

③利用体育教学媒体。

④描述体育教学过程。

因此，体育教学设计是以学生发展为中心，围绕着学生在学习过程中碰到的学习问题而展开，这就使得学生的主体地位得到凸显。

（2）体育教学设计对学生学习的兴趣上升方面来说很有好处。在体育教学设计过程里，体育教师尽可能将学生的特征思忖进去，并运用合适的体育教学策略，使用了很有效果的体育教学手法，并灵活地应用教学媒体，体育教学环境得到改善，最大限度地处理了学生在学习过程中也许会碰到的问题。在该状况下，降低了学生的学习压力，让学生乐学、主动学，想练、主动练。在轻松愉快的教学活动中，提高学生的学习、练习兴趣，使其学习和练习的主动性得以提高。

（3）体育教学设计对加强体育教学效率和其作用有利。体育教学设计主要表示：在对体育教学过程里的每一个要素展开思考的基础上，对体育教学活动展开的整体设计。并经由以下方式，让体育教学活动在人员、时间、场地器材和媒体利用等处拥有最好的效益。

①适宜地确定好体育教学进度。

②明确地说明体育教学任务。

③恰好选用体育教学场地器材和媒体。

④合理地制定体育教学策略。

⑤准确地思考并对体育教学结果提出看法。

能够肯定地说，缺乏体育教学设计，就没有体育教学改善的可能。

3. 体育教学设计的一般程序

（1）制定体育教学任务。

①确定经教学可形成怎样的体育态度。

②把握经教学可产生怎样的体育认识。

③了解经教学身心健康方面可达到什么状态。

④规定教学后希望学生熟悉的运动技能类型等。

⑤规定教学里面培养与发展哪些能力等。

一般来说，最好用清晰的、可观测的比较标准的语言表述学习任务。

（2）选择体育教学内容。

①仔细分析《体育（与健康）课程标准》。

②在学校体育工作的基础上，具体确定适合本校具体的体育教学内容。

③在①②的基础上设计体育教学指导性工作方案。

A. 设计单元教学工作计划。

B. 设计学期教学工作计划。

C. 设计综合教学工作教案。

（3）思考体育教学任务。

即确定学生如何从如今的水平提升到拥有教学任务所需获得的能力和子能力。

（4）确定教学策略。

①教学的组织形式的选择与设计。

②手法手段的选择与设计。

③场地器材的选择与设计。

④电教媒体的选择与设计。

⑤活动步骤的选择与设计。

（5）体育教学场地设计。体育教学是在一定的场地环境里展开的，不一样的体育教学内容与教材，应有不一样的体育场地器材。

不过，即便是同一内容的体育教学，不一样的场地设计也会收到不一样的教学效果。

（6）进行教学评价。熟悉教学任务的实现状态，并为改正教学系统设计配备上具体可参考意见。

（二）体育教学的中观教学设计

1. 水平教学设计

（1）水平教学设计概述。水平教学设计一般来说也指水平教学计划（是计划的结果和直接体现），是一种体育教学方面的总体设计，它是中观教学设计的一种。通常具有以下几个特征。

①要考虑学校的具体状况条件，这一点不可或缺。

②要依照国家所发布的相关体育教材例如，以《体育（与健康）课程标准》为基础而展开。

③要有一定的目的性和针对性。例如，专门因为某个水平的体育教学方面的工作而开始进行。

④并非简单地把各个学年的相关教学计划放到一起就行了，一般是根据学习领域不一样但是学习水平相近的学习任务要求来展开的。

⑤其往往因人而异，水平不一样制作也不一样。以此来看，每个教师都能够依据本人对《课程标准》精神的把握和了解制订相应的自己认为相对合适的水平教学方面的设计与计划，同时也不能忘了要参照学生的具体状况。

同时，制订水平教学计划也不是完全一样的，简述如下。

①按照任务来制定的水平教学计划。把整体的任务划分成很多个子任务集合往往被认为是最完美的水平教学计划，其中子任务集合在进行划分的时候有一定的标准，这个划分标准不是随意就有的，而是要依照任务自身的性质来进行确定的。

整体任务与子任务、子任务集合及其划分标准彼此也不是散乱的，它们之间存在着一定的联系。具体说明如下。

A. 以“运动参与”为主的子任务集合。一组以“运动参与”为主的子任务集合里面含有很多子任务，不仅仅有心理方面的子任务，还会有社会适应方面的子任务。一般来看该部分子任务彼此相关——它们都能够经运动参与的某一种形式有相应的体现。

B. 以“运动技能”为主的集合。一组子任务是以“运动技能”为主的集合，这一组任务集里面体现的主要是学习运动技能的情况好坏。

技能学习得好不好往往对学生有很多影响，如以下几点。

第一，学生学习运动技能，他自身也会让身体活动起来，促进身体的发育和活力。

第二，学生运动技能学得快、学得好，自己也会有自信，也会形成非常不错的心理方面的素质和品质。

第三，学生掌握了运动技能，自己除了身体好，心理素质强之外，也可以很好地在社会中有一技之长，使自己的社会适应水平得以增进。

通常，依照任务的集合，我们常常会形成主题式的单元教学。

在任务集合形成之后，我们还要对不一样的子任务集合之间的关联和层次关系进行一定的思考，思考的内容有很多，如思考该部分子任务集合产生的先后顺序。

②依据水平任务来优选教学内容的水平教学计划。依据水平任务来进行教学内容的水平教学计划制订流程如下。

A. 对水平任务有所了解，也就是需要仔细展开对其的研究。

B. 至少要仔细地思忖两点：一是每个任务能够选择哪些教学内容来实现，二是不同的任务到底是不是能够靠同一教材内容来完成。

C. 对该部分教材教学内容展开仔细的分析和选择。

D. 进行相应的教学组合。

E. 制定出水平教学计划。

③依据季节来划分教学周期的水平教学计划。因为在一个水平期里会产生几个循环的季节变化的缘故，每个季节的时间长短不一，不一样地区的季节变化也含有很容易看出来的差异。所以，有必要对地区与地区的季节方面的差异进行一定的考虑，并在其基础上选择比较合适的任务集合和相应的教学相关具体内容。

例如，我国东北地区和南方沿海地区相比就差异很大。在这样的情况下，东北可以选择滑冰、滑雪等冬季运动内容（冬季非常寒冷的缘故）；而南部沿海地区就不能选择滑雪滑冰，应以游泳等夏季教学内容为主（以搭配好温度相对高的夏季）。

假若我们在进行设计和制定水平教学计划的过程里尽可能思忖季节方面的因素，并很有作用地将校内、校外的课程方面的资源给利用好，可以说将对学生完成相应的学习任务非常有好处。

（2）水平教学设计的基本要求。

①仔细学习《体育（与健康）课程标准》。《体育（与健康）课程标准》是国家制定的，是制定教学计划的不可缺少的向导。所以，一定要好好琢磨。只有这样，才能对各水平里所涵盖的学年体育教学制订出好的、不违和的、比较合理的设计，才能“产出”既可行、又有效果有作用的水平教学工作计划。

②从学生和学校的具体条件出发。

主要涉及学生的具体方面有以下几点。

A. 学生的思想品德高低。

B. 学生的年龄大小。

C. 学生的体育基础强弱。

D. 学生的健康状况好坏。

E. 学生的兴趣爱好广狭。

涉及学校的具体条件有以下几点。

A. 学校场地器材是否齐全。

B. 学校的师资力量是否强大。

③体育教学内容要适宜。合理安排体育教学内容要思忖全面性、针对性和可接受性（不同水平学生）。在进行教学内容安排的过程中既要注意对实现各个方面的学习任务有帮助，又要很好地配备很有地域特色的民族或民间体育项目。

（3）水平教学设计的步骤与手法。

①确定同一水平的不同领域的体育教学任务。依照相应水平的学生的

特征，在学校的具体状况的基础上确定同一水平的学生的体育教学任务。主要包括以下几个方面。

A. 运动参与学习方面。

B. 社会适应学习方面。

C. 身体健康学习方面。

D. 心理健康学习方面。

E. 运动技能学习方面。

②依照同一水平不同领域的学习任务，确定该水平学生教学内容。《体育（与健康）课程标准》依照学生身心发展的特征将中小学的学习划分为不同水平，具体如下。

A. 水平一相当于1～2年级学生预期达到的学习结果。

B. 水平二相当于3～4年级学生预期达到的学习结果。

C. 水平三相当于5～6年级学生预期达到的学习结果。

D. 7～9年级相当于水平四。

E. 高中学段相当于水平五。

不同水平的学习内容不但不是一样的，而且在每一水平的五个学习方面，都有其相对应的学习内容。除此之外，学生活动方面的相关建议也会依照其水平随后给出。

所以，《标准》的制订已相当完善，体育教师在其任务基础上一定尽可能把本校的具体状况思考进去，并从中选择适合自己的教学内容。

③将学习领域与内容的教学时数定好，并将其适宜地分配到每个学期里。

其主要流程如下。

第一，适宜地确定各领域的学习内容的教学时数，主要是依照每个学习领域的体育教学方面内容的数量多少、困难程度等进行。

第二，对本学年每学期的考核项目及标准进行确定。

第三，确定好之后，将其很好地分配到不同学年与学期里面去。

第四，我们在结束了水平教学计划之后，还一定要进行全面的检查。一旦发现有哪些地方不恰当或不合适，马上调整，其目的也是想让每学期的体育教学内容的分量与教学时数等方面相匹配。

2. 学期教学设计

（1）学期教学设计概述。首先我们需要知道：体育教学的学期教学设计主要表示以水平教学设计为先决条件，参照每个学期的体育教学方面的工作所展开的教学设计工作。其次毋庸置疑，其结果是形成学期教学计划。最后，我们常常能够看到的学期教学计划有两种，具体如下。

①任务与教学内容对照型。这种学期教学计划的特征在于：它是和水平教学计划相互对应和相互匹配的，二者联系很密切。

②教学内容罗列型。这种格式与传统的学期教学计划基本上没什么不一样的，也相对容易为人们所接受。

但因为不能体现出“以任务统领教学内容”的理念的缘故，所以在执行的过程中，常常忽略教学任务的实现而只是非常单纯地把教学内容给完成而已。

（2）学期教学设计的基本要求。

①考虑教材安排的系统性与连贯性，并注意教材的季节特征。

A. 在安排一学期教材的先后顺序时，应注意教材与动作技术联系的密切程度，最好是以旧教材为前提进行新教材的安排。

B. 技术上有可能冲突的教材在安排时最好有间隔时间，不要安排在同一次课里。

C. 季节性较强的教材可在适宜的季节展开，这样对学生的学习更有帮助。

D. 最好有引导课被安排在每学期开学的第一次课上，让学生目的清晰地开始一学期的学习。

②教材的安排要思忖学生学习上的压力与生理上的压力，并注意学生的全面发展。

A. 每次课的教材要合适健康。

B. 要注意将不同的教材进行适宜搭配（如新旧教材搭配、容易学的教材和不容易学的教材搭配等）。

C. 应将不同类型教材进行彼此组合（如项目不一样、影响的身体地方不一样等）。

③正确地确定各项教材的排列方法。教材排列方法的影响因素和具体内容如下。

具体采用哪种排列方式一般取决于四点：

A. 教材的特征。

B. 学生的基础。

C. 季节气候。

D. 是否考核。

教材排列手法的具体内容有以下三个：

A. 连续排。一般季节性强的、技术之间密切联系的，教材常会采用连续排。

B. 间隔排。对体力消耗大的、身体素质要求比较高的，教材通常适宜采用间隔排。

C. 连续与间隔结合排。一般用于课时较多的教材，如技术性较强的教材可先连续后间隔，技术较复杂、对于身体要求也高的教材，可先间隔后连续排列。

（3）学期教学设计的手法。

①确定本学期的教学任务。主要需要以水平教学任务为参照，以本学期的教学方面的内容和学生方面的具体情况为核心确定。

②确定各项教材使用次数的多少。如每次课计划是要安排两个基本的教材，那么在这种情况下该教材出现的课次＝该教材的时数×2。

③确定课程安排。即依照所定好了的学期教学的计划，把那个学期将要进行的考核项目与重点等，按教材方面出现的课次合理地安排到每次课程里面去。

为了确保考核项目能被安排在最适宜的课次展开。一般在安排时是先确定考核的课次，然后由考核课开始按确定的排列方式向前安排，其也可以被叫做由后向前排。这种手法在安排适宜课次时常常会被使用到。

④将本学期的其他教材系统地“放”到每次课里。

（三）体育教学的单元教学设计

1. 单元教学设计概述

首先，我们需要知道的是：单元教学设计主要表示在学期教学工作计划的先决条件下，依照一定标准进行的教学设计，其一般是针对学期教学工作里的某一教学单元而展开的。

其次，进行单元教学设计之后会产生单元教学计划。

最后，单元教学计划是学期教学计划的深化和具体化。它能够让一学期某项目教材的教学成为一个整体，每次课则是这个单元里面的一个构成要素。

在这样的情况下，教师抓住该教材的重点、难点，通盘思忖和设计，既可防止部分教法手段过多地重复，又可让学生对同一教材的反复产生不感到无聊，还可保证教材的重点、难点得到尽可能的学习。

综上可知，单元教学设计是体育教学设计过程里的一个不可缺少的教学准备工作。随着体育教学改革的不断深入，单元教学设计愈发会被广大体育教师认真对待。

2. 单元教学设计的要求

（1）仔细钻研教材。

第一，钻研教材了解该项教材的技术结构、重难点。

第二，要知道该项教材与不同水平教材的差异和相似之处。

第三，要对该项教材在每次课的分配、前后连接等方面有重点地安排，千万不要按平均分配。

（2）正确选择体育教学方法。

第一，在对学生状况非常熟悉的情况下，基本课堂的教学手段的目的性得强，可很有效果地处理好课程的重难点。

第二，教学方法最好符合学生的年龄特征，趣味性要浓，要有很大的感染力，这样能提高学生的学习兴趣。

第三，教学方法最好尽可能将对学校场地器材的利用思忖进去，让学生获得更多的练习机会。

3. 单元教学设计的步骤与方法

首先要对单元教学设计的目的心知肚明，在此基础上确定某项教材的总的教学任务及教学重点。

（1）察看某项教材的课次和总的教学任务，在这样的情况下再制订出每次课具体的教学任务。

（2）看一下每次课的教学任务具体是什么，然后选定该课的重点是什么、难点是在哪。

（3）把每次课的教学任务、重点和难点一并列出来，再把学生的特征和学校的教学水平思忖入内，有目的性地选择并确定好每次课的基本的教学手法。

（4）依照水平教学计划，把本校的具体状况考虑进去，对某项教材的具体的相关考核手法与评分标准予以确定。

单元教学计划示例见表 5－1－1。

表 5－1－1　初二年级篮球教学单元（示例）❶

周	主教材	辅助教材与其他手段
一	曲线运球、行进间运球高手投篮	实心球抛掷

❶ 引自体育与健康课程标准研制组编写：《体育与健康课程标准解读》，99 页，武汉：湖北教育出版社，2002.

（续表）

周	主教材	辅助教材与其他手段
二	两人行进间传球推进、行进间运球高手投篮	以引体向上为主的各种力量练习
三	定位投篮、半场篮球比赛	以仰卧起坐为主的各种力量练习
四	曲线运球往返、跳起单手肩上投篮	50 米快速跑
五	三对三篮球比赛	实心球抛掷
六	1 分钟半场往返运球上篮	以双臂屈伸为主的各种力量练习
七	1 分钟篮下投篮	立定跳远
八	全场五对五教学比赛	往返运球上篮考核
九	罚球线定位投篮	耐久跑
十	三对三半场擂台赛	篮下一分钟投篮考核与定位投篮考核

二、体育教学的实施

（一）体育教学常规

体育教学常规是在体育课堂教学过程里，师生一起遵守的、保证体育教学工作正常展开的基本要求。

1. 课前常规

（1）时间方面。

①任课体育教师。一般状况下，任课体育教师应在上课前 15 分钟去往现场，依照课的任务要求对场地器材进行检查与配备。

②学生。同学值日的应在上课前 15 分钟去往教学现场，将教学所需器材领取并放置到位，同时还要帮助教师进行教学场地的布置。

其他学生应在上课前 10 分钟去往教学现场等候上课。

（2）教师课前准备方面。

①教师课前的备课。

②教师课前要编写教案。

③了解学生的课前状况。

④场地、器材的准备。

⑤服装的准备工作。

（3）学生课前准备方面。

例如，出现学生因生病、受伤，女生例假不能正常上课的状况，应由学生干部或体育委员在课前向教师说明，并由任课体育教师依照具体状况进行安排。

2. 课中常规

（1）学生集合常规。上课铃响了以后，值日生或体育委员要先把自己的手头工作做好，主要是将队伍集合起来等待老师过来。整队结束后，值日生和体育委员到队伍并站在排头的位置。之后学生和老师简单问候一下，由值日生或体育委员向老师报告一下课堂上课人数、缺席人数等，让老师对本次课堂人数有所了解。最后，老师把这次课的教学任务给学生传达到位，并进行相应的课堂安排，同时对学生的运动装备（服装、运动鞋等）状况予以检查，并准备上课。

（2）小结与送还器材常规。在课程结束时，教师要展开课堂小结和讲评，并提出课后锻炼的要求及下次课要学习的内容。此外，要求值日生收回器材并送还。

3. 课后常规

（1）写好课后总结。教师每次课后，应总结经验教训，提出改进办法。

（2）布置课后作业。教师检查布置学生课后归还器材等工作的执行状况，对缺课学生，应进一步调查清楚，必要时给予补课或辅导。

（二）体育教学中的队列队形运用

队列和队形是体育教学组织过程中一种重要的教学手段。在集合、学生练习和教师讲解与示范时都要用到。

合理适宜地运用队列队形，一方面能够使教学组织过程变得更加严密，增进教学效果，另一方面还能够让学生配合协作的集体主义精神得到培养。

影响队列队形运用的因素有很多，不过，在任何时候使用队列队形时，应最好做到如下基本要求。

1. 简捷高效

基本要求是要在最短的时间内，用最快的速度变换队列队形，最有作用地服务于教学之中。

2. 对教学有帮助

队形的设计与安排应做到以下几点。

（1）让学生彼此看时是很方便的。

（2）对学生的听、练有所帮助。

（3）有利于老师的观看和纠正。

（4）让学生处于有阴凉、无风、不嘈杂的地方。

3. 合理利用口令

队列队形的利用是在教师的口令指挥下进行的。

如果没有相对来说准确、适宜的指挥命令，是很难实现队列队形的完美调动的。

所以，无误的指挥口令在队列队形的使用上就显得格外不可缺少，希望体育教师在课里多运用队列队形的同时，对提升指挥口令运用的准确性和合理性多加注意。

（三）体育教学中场地器材的布置

一般而言，体育的场地器材是不能缺少的体育教学用具，它是开展体育教学的基本。教学任务的完成离不开它。

尽可能利用与合理布置场地器材，一方面对提高安全、提升练习密度有不少好处，另一方面还对调动学生的学习主动性非常有利。

在场地器材的布置中要注意以下几点。

1. 场地、器材的布局要适宜

（1）投掷场地的安排，应思忖到对其他练习的影响。

（2）对活动范围不大的运动项目，如单双杠、爬绳等器材，应尽量立于场地的边角和面积较小的地块。

（3）如果器材可以移动的话，尽量向固定器材靠拢。

（4）要注意依照学校的环境和水平，尽可能利用地形组织教学。

（5）对卫生和安全也要十分注意，必要时可以划出明确标记。

2. 适宜编排课程表

（1）教师备课时对同一时间上课的班级，应划分好场地使用范围，防止上课时彼此影响。

（2）依照场地器材设备的具体状况，划分为几个教学块，每个教学块都要有一定数量的体育器材设备，供教学使用。

（3）应尽可能把到场地、器材等状况考虑进去，尽可能让体育场地既不显得空闲，又不拥挤。

3. 注意安全

（1）课前应周密检查，如器材安置到底是不是牢固，跑道上到底是不是湿滑不平或有砖块，沙坑到底是不是疏松等。

（2）在安排投掷项目练习时，应对学生彼此之间的距离有所注意，以免出现意外，导致伤害事故发生。

（四）体育教学中的管理

1. 体育教学管理部门。

（1）体育教学宏观管理部门。即各级体育部门和教育部门。在我国，对体育教学含有最高领导权的机构是中华人民共和国教育部，第二为国家体育总局，两者有关部门的协调配合对体育教学发挥着领导作用。其中，教育部下的体育卫生与艺术司基本上对全国各级学校的体育教学、卫生、艺术工作负责。国家体育总局群众体育司下设的青少年体育处则能对全国学校学生的业余体育训练、竞赛和体育后备人才的培养施行管理和安排。

（2）体育教学微观管理部门。

①学校体育教学主管领导。依照国家要求，学校体育工作一定要列入学校工作计划里，各级各类学校的体育教学工作都应由校长或一名副校长主管，其基本职责有以下几个方面。

A. 认真思考体育教师队伍的建设。

B. 提高宣传力度，切实保证学校体育各项活动的有序、正常和合理开展。

C. 协调学校体育与学校其他教育工作的关系，清晰学校体育的工作职责和地位，并形成彼此推动、彼此监督的整体工作机制。

D. 指导制定各种具体的学校体育工作计划和规章制度，提高对体育场地设施建设力度和各项体育经费使用的合理、适宜规划。

E. 按照上级主管部门的希望和学校具体状况，制定学校体育工作的任务，并决定重大的体育教学活动。

②体育教研室。体育教研室负责体育教学的办公、后勤工作。其基本的职责有以下几个方面。

A. 帮忙做好体育场馆、器材和教学设备的购置、维护、保管和维修工作，对体育经费的使用做到透明、公开、适宜。

B. 对各种具体的教学工作计划进行审批、监督和检查。

C. 组织学校的早操、课间操和课外体育活动，结合具体组织开展各种课余训练和比赛。

D. 依照国家、上级教育和体育主管部门的希望，以及学校工作计划和发展需要，制定切合实际而又具体的各项学校体育工作计划和规章制度。

E. 协助学校相关部门做好学生定期身体健康测试工作，主动推行《学生体质健康标准》。

F. 提高对体育教师的政治教育、业务培养力度和对体育骨干教师的选拔和培养。

G. 与学校教务、人事等部门配合，制订适宜的体育教师配备计划，并对体育教师展开公正、客观和准确的考核。

③体育教师。体育教师作为体育教学的核心，对体育教学实施管理的职责基本上有以下几个方面。

A. 学习和领会《课程标准》，仔细钻研教材，尽可能做好上课准备，一直研究和改进教法，并立刻做出课后总结，提高教学水平和质量。

B. 切实组织好课外体育活动，仔细实施《国家体育锻炼标准》，并做好运动训练和竞赛工作。

C. 协助校医展开学生体质测试工作，并对学生综合体质进行评价和思考。

D. 做好体育宣传工作，主动培养体育骨干，尽可能发挥他们的榜样性和典型性作用。

E. 提高教学科研力度，主动从事体育教学学术研究活动。

④各级学校教导处。教导处对全校各学科的教学工作和全校教学工作的整体安排含有一定的管理和监察职能，它对体育教学的管理具体表现为以下三个方面。

A. 配备和提高体育师资力量。

B. 对体育（与健康）课程和课外体育活动的开展时间展开统筹安排。

C. 检查、监督并督促日常学校体育工作。

2. 体育教学管理办法

（1）行政管理法。

①简述。行政管理法是经由有关部门发布指令、规定、条例等方式，运用行政组织和机构的职能与手段，对各种形式、性质、目的的体育教学实施宏观管理的手法。

②特征。

A. 权威性。

B. 指令性。

C. 强制性。

D. 针对性。

③作用。

A. 发挥体育教学管理活动的组织作用。

B. 发挥体育教学管理活动的指挥作用。

C. 发挥体育教学管理活动的协调作用。

D. 发挥体育教学管理活动的调控作用。

E. 发挥体育教学管理活动的监督作用。

（2）政策法规管理法。

①简述。政策法规管理法是指运用国家对于开展体育教学工作所发布的各种有关的法律、法规、法令、条例、决议、规章制度等实施管理的手法。

②特征。

A. 强制性。

B. 稳定性。

C. 规范性。

D. 统一性。

③作用。

A. 对维护正常的体育教学管理秩序有利。

B. 对确保体育教学工作应有的地位有帮助。

C. 对推动各项体育教学活动的健康发展有好处。

（3）奖励法与惩罚法。

①简述。奖励法与惩罚法基本上是对体育教学目的任务的完成状况和过程做出价值判断，并依照判定结果和具体状况给予不一样的奖励或惩罚的方法。

②特征。

A. 奖励法与惩罚法会针对集体或个人在体育工作里做出的业绩给予肯定、表扬和奖励。激励、表率、榜样、示范和推动体育教学工作。

B. 对于完成较差或产生错误的集体或个人给予批评、引导和相应惩罚，以取得帮助、督促、改进的效果。

③应用。在运用时应做到以下几点。

A. 实事求是。

B. 公平、公开、公正。

C. 奖励与处罚一定要恰到好处。

（4）任务管理法。

①简述。任务管理法是指依照体育教学工作的有关规划，结合教育对象和实施环境的具体状况，确定不同阶段体育教学工作的任务，并经由检

查任务的实施和完成状况而进行管理的手法。

②应用。这种管理方法对体育教学、体育竞赛、课余运动训练和课外体育锻炼等活动的管理相对适合。

（5）教育管理法。

①简述。体育教学的最终目的和职责是“育人”，因而对体育教学的管理也应以教育为主，以教育为最高目的。

②特征。教育管理法是经由教导、劝说等方式，做到说服、教育，并依照教育对象的具体状况和所处环境，有目的地采用各种教育方式达到体育教学管理的目标。

（五）体育课密度的控制

1. 体育课密度的概念

体育课密度主要是指在体育课里各项教学活动里适宜运用的时间与上课的总时间的比。

各项教学活动主要包括以下几个方面。

（1）教师方面。

①教师指导。

②组织方法。

（2）学生方面。

①学生练习。

②学生的观察与休息。

③学生彼此帮助与保护。

2. 体育课密度的安排与调控

体育课堂教学是一个开放的动态系统，不可控的因素也不少。所以，体育教师一方面应在课前精心设计体育课的密度，另一方面应在体育课的展开过程中对其开展适宜的调控。

通常状况下，要做到以下几点。

（1）仔细备课。周密安排体育课堂教学设计课前教师应依照课的教学任务、内容，学生状况，教学水平等，仔细备课，全面思忖体育课堂的教学设计，适宜安排不同活动的具体内容与时间。

（2）改进教法，提高教学技巧。在进行体育课堂教学时，体育教师的讲解最好简明一些，让重点凸显，做到精讲多练；体育教师的动作示范、教具演示、指导、纠正错误等要得当，并注意做到对学生练习与休息的适宜控制。

（3）改进和提高组织水平。严密教学组织手法，提高对各项活动的调控力度，让学生熟悉各项活动顺序与队伍轮换的具体要求，以适应教学。

（4）提高对学生的组织纪律性教育力度。对学生展开组织纪律性教育，能够让学生端正学习态度，清晰学习任务，让本人的学习与教师的指导有机地结合起来，把在体育课堂上的练习变成一种自学的行动。

（六）体育课总结

1. 体育课总结的含义

体育教学的最后一环则为体育课结束后的课后总结，它是体育教师针对一节体育课具体展开的总结性的文字描述。

2. 体育课总结的内容

体育课后的总结工作通常会涵盖以下几点。

（1）学生出勤状况。

①简述。即课后了解不上课学生的缘由。

②目的。达到教师对自身教学工作改进的目的。

（2）学生课堂表现。

①简述。即教师要察言观色，心记学生在每一个环节里的学习表现、学习兴趣、学习效果。课后对照教案记载。

②目的。达到了解学生的目的，以便于差别相待。

（3）教改尝试效果。

①简述。对教学改革的试验，不管是成功与否都要仔细地如实总结记载。

②目的。为探索出一条成功的道路提供依据。

（4）教学改进部分。

①简述。依照课上学生的体验及完成任务等状况加以记述，提出相应的改进性的意见。

②目的。提高教学质量。

3. 体育课总结的意义

仔细做好体育课后的总结工作有以下意义。

（1）是体育教师积累体育教学经验、提高体育课堂教学水平的不可缺少环节。

（2）可以改进体育课堂教学，提高教学质量。

第二节 体育教学评价

教学评价是教育评价的一个不可缺少的方面，不仅仅是构成全面的教育评价的基本的一个点，还具有非常基础的地位。而体育教学评价，也是教学评价在体育学科里的具体运用。

它主要表示：以体育教学为对象，对教学效果展开的价值判断，即依据教学任务和任务对体育教学过程及效果展开判断，以提供体育教学反馈信息，实现导向、激励、控制、管理等方面功能的过程。

一、体育教学评价

（一）体育教学评价的内容

体育教学评价是对体育教学整体展开认识的结果。我们可以简单地认为体育教学评价涵盖以下两个方面的内容。

（1）体育教学评价是判断体育教学活动价值及优缺点的过程。

（2）判断的依照是体育教学任务及标准。

（二）体育教学评价分类

1. 依照体育教学活动的角色划分

一般状况下，我们依照体育教学活动的角色把体育教学方面的评价活动划分为以下两点。

（1）对学生方面的评价。

（2）对教师方面的评价。

2. 依照评价运用的方式划分

一般来看，我们依照评价运用的方式对体育教学评价展开划分，能够把体育教学的评价划分为主观性评价方面和客观性评价方面。

（1）主观性评价。主观性评价是以评价者通过听课形式、谈话形式，以主观体验的方式而做的一种比较主观的评价。

（2）客观性评价。客观性评价经由客观的测量活动和测验活动收集资料而进行。

3. 依照评价的结果显示的信息特征划分

从结果显示的信息特征方面划分的话，主要分为定性评价和定量评价。

4. 依照评价所涉及内容对象的多少划分

（1）单项评价。一般状况下我们认为，单项评价内容指的基本上是对体育教学的某一个或多个侧面展开的各式各样活动的评价。

其主要涵盖对学生学业成绩测验的结果与过程的评价、对教师教法是否具有合理性进行的评价。

（2）综合评价。综合评价指的是全面地评价某一学校体育教学质量。基本上是对某一学校的全部体育教学活动展开的完完全全的标准化的评价。

（三）教学评价的功能

1. 教学评价的考察、鉴定功能

教学评价的功能有很多，其考察、鉴定方面的功能主要体现在以下几点。

（1）对教学具体质量与水平的鉴定功能。

（2）对教学优劣及缺漏的考察的功能。

（3）对学生今后自身的发展水平评判的功能。

（4）对学生的学习方面的相关能力进行鉴定的功能。

（5）对学生的学业能不能合格完成进行判定的功能。

（6）教学评价还能够为管理者提供有关决策的参照。

从以上意义而言，教学评价是教学管理的不可或缺的一种方式。

2. 教学评价的信息反馈功能

对教学不管是进行何种评价，都一定要给出相应的状态信息，状态信息都会在评价里体现而出来。

状态信息有很多方面。

（1）质的好坏。

（2）量的多少。

（3）效果的强弱。

（4）效率的快慢。

该部分信息回馈给评价的对象，就能够作为其完善自身的参照。对学生来说，则能够经由信息反馈，来思忖本人的学习到底有没有落下问题和怎样去完善增进。

3. 教学评价的动机强化功能

通常我们所说的教学评价的动机强化功能主要表示的是：因为教学方面的评价使被评价者的主动性得以鼓动而出，并非常主动地完善教与学的活动。

该动机作用通常有内部动机作用和外部动机作用。

一般教学活动里不管是教师亦或为学生的自我评价，都是能够使内部动机作用的力度得到提高。

教学活动里的他人评价，通常是无误的、合理的，尤其是赞可的评价，能够增进教师或学生的主动性，使二者在分别进行教学的活动里一直保持合理的紧张状态，使紧张感一直保持下去，相反则让教学热情低落。

可是也有一些时候，不好的评价会让某些人出现“不达目的誓不罢休”“我也要做好”的知耻而后勇的念头。所以，教学评价的动机强化功能最不可或缺的是要尽可能地考虑不一样的评价所带来的不一样的心理功能。

对不一样被评价者，要思忖其个性特征，只有这样才会带来主动的教育意义，推动其向前进步。

（四）体育教学评价的原则

若是希望让体育教学评价进一步变得有效用，一定要依照体育教学的特征，定出部分标准才行。

1. 指导性原则

展开教学评价的过程中最好可以将教学评价与相关的教学方面的指导放到一块来。一方面应让被评价者知晓本人哪里有问题，那些做得还不错，另一方面可以将完善教学过程和成果好的意见提出来供大家参考，尽可能地使评价对教学导向功能得以起作用。

该原则在施行过程中要注意以下几点。

第一，不能没有依照地妄加言评，一定要把教学指导建立在一定的前提条件上，并且评价之后出来的建议等应能让被评价者认可。

第二，指导不能含糊，一定要非常明确，不然的话会让被评价的人不知道从哪里下手进行完善。

第三，切忌以命令口吻进行，而应具备一定的启发性，为被评价的人自己认真仔细思考留一个空间。

2. 科学性原则

展开教学评价的过程中，不可以仅凭自我之见，最好参照相对来说科学的评价指标标准展开，让整个评价变得更加科学化一些。

落实这一原则需要注意以下几点。

第一，应考虑教、学双方的立场，参照体育教学的任务对指标体系与评价标准予以相应的确定。

第二，在评价方法方面，最好可以将定性与定量二者很好地放到一块，依据确定的标准对体育教学实际功能予以把握。

第三，一定要对涉及的评价方式展开一次又一次的挑选，让之包含一定的效度和信度后再去落实。

3. 整体性原则

主要表示的是在展开体育教学活动评价的过程中，对体育教学的全部方面、要点等做多立场、全方位的把控。

在把握评价原则时需要注意以下几点。

第一，让评价标准尽量范围广一些、大一些，将体育教学的各目标都给涵盖进去，这样的话更能保证整体性。

第二，要依照不同被教者与教材的特征而有重点意识，先处理最重要的、紧急的问题。

4. 客观性原则

主要表示的是在展开体育教学评价的过程中，评价的标准、方法，尤其是最后的评价结果，全部应该与体育教学方面相一致，切忌主观臆断。

在展开体育教学评价，落实客观性原则时要注意以下几点。

第一，切莫随意，应客观公正。

第二，打消偶然因素，态度要客观和正态。

二、体育教学质量评价

通常情况下我们认为：体育课教学质量的评价基本上是对体育教学功能展开的综合评判的一种。

对体育教学质量评价标准的说明如下。

（1）专家评价标准。下面是专家评分表示例（表 5－2－1）。

表 5-2-1　学校体育课堂教学质量评价量表

评估指标		指标包含内容	评估等级				满分值（100分）	加权分
一级指标	二级指标		优 1.0	良 0.8	中 0.6	差 0.4		
教学准备 15%	课前准备	提前10~20分钟到场，器械准备充分，场地布局合理，整洁美观，现有条件利用率高						
	教案准备	教案规范工整，目的任务明确，符合教学大纲，计划规定要求及学生实际，突出重点，教学内容安排合理，方法、手段适当，符合预计准确，时间分配合理						
教学过程 55%	教学组织	仪表端正，精神饱满，组织严密，安全有序，调动合理，教师的主导性与学生的主动性充分发挥，达到严而不死、活而不乱						
	教学方法	讲解清楚，启发思维，示范准确，重点突出，方法灵活多样，时机掌握恰当，保护帮助得当，属于培养学生的体育兴趣，发展学生的个性，重视组织指挥能力、运动能力的培养						

（续表）

教学过程55%	练习密度	全体学生都能得到充分的活动，练习密度测定值符合课的类型和教材特点，各单项练习密度合理、科学，课的总体练习密度一般控制在45%左右						
	生理负荷	根据课的任务和学生实际安排运动量和运动强度，且符合学生情感、意志和心理过程的客观规律，课的最高心率不超过180次/分，全课平均心率为135次/分左右						
	心理负荷	气氛活跃，张弛得当，注意力集中，师生关系融洽，学生的自觉性和兴趣充分调动，全课有节奏、有高潮、有竞争、有协作，加强学生情绪控制和心理调节						
	教学创新	教学内容搭配、练习方法、手段有新意，并能吸取本学科的先进理论、技术和方法，对学科前沿科研成果加以传授，收到良好效果						

（续表）

教学效果30%	掌握技术	学生能理解教学内容的基本要领，并基本掌握所学的技术、技能，其合格率、新授内容在70%以上，复习内容在85%以上						
	健身意识	学生能主动参与，自觉锻炼，互相帮助，能动性、主动性充分发挥，使教学方法趣味化，真正有利健身方法的掌握，健身意识的增强，终身体育习惯的养成						
	思想教育	教师能挖掘思想教育的各种因素，做到言传身教、为人师表、关心学生、发展个性、塑造品行、教书育人、严格要求，并取得良好效果						

学生评价表的示例如表 5-2-2 所示。

表 5-2-2　体育课教学效果的调查用表

班______姓名______	
回答下列问题，在你认可的答案处画“√”	
1. 觉得体育课愉快吗？	是□否□说不好□
2. 在体育课中总是尽情和充分的运动了吗？	是□否□说不好□
3. 有令人难忘和感动的体验吗？	是□否□说不好□
4. 学会一些新的技战术了吗？	是□否□说不好□

（续表）

5. 有过“啊，明白了”“噢，是这样的”的新认识吗？	是□否□说不好□
6. 能自主地进行体育学习吗？	是□否□说不好□
7. 能按照自己的目标去充分练习吗？	是□否□说不好□
8. 在体育课中能和同学们互相帮助、互相学习吗？	是□否□说不好□
9. 和同学互相帮助、友好地学习了吗？	是□否□说不好□

上述调查表是经由对学生学习感受的调查分析来评价体育课的教学功能，为我们从学生的立场进行研究奉上了能够参考的手法。不过在具体使用该类方法的时候，应依照教学对象的特征展开必要的重新设计，目的也是让问卷与量表匹配，具有可信度。

三、学生体育学习评价

（一）学生体育学习评价的概念及意义

1. 学生体育学习评价的概念

体育学习的评价基本上是为了了解学生体育学习的实际状况做的一种评判，其一方面涵盖对学习相关进程方面的评判，另一方面还涵盖对学习相关结果方面的评判。

2. 学生体育学习评价的意义

（1）体育学习的评价是进行体育教学的过程中一项不可或缺的内容。

（2）经由体育学习评价可以让我们对学生达成教学目标的状况予以确定，以此为基础对教学奉上相应看法和完善参照。

（3）能够经由学习评价这一教学过程鼓舞学生。

（二）学生体育学习评价的基本内容与要求

1. 体育学习评价的内容

体育学习评价的内容基本涵盖以下各方面。

（1）学生在体育方面努力的程度。

（2）学生本身具有的运动精神。

（3）学生自己的身体方面的素质。

（4）学生拥有的运动方面的能力

（5）学生自身的运动技能水平。

（6）学生在体育方面的爱好。

（7）学生所拥有的体育相关知识。

（8）学生进行体育学习的情绪。

（9）学生进行体育学习的认知。

另外，我国大多数中小学里的体育课的成绩考核评价内容基本涵盖以下几点。

（1）学生身体素质高低。

（2）学生体育课表现情况。

（3）学生体育课出勤状况。

（4）学生基本运动能力高低。

（5）学生运动技能掌握程度。

（6）学生体育基础知识强弱。

（7）学生保健基础知识多寡。

2. 学生体育学习评价的要求

（1）体育与健康的课程标准要求。学生学习成绩的评价应依照学生年龄、学段的特征进行，这样就会有不一样的地方出现。最好是能够将等级评定（一般三年级到高中三年级用）与评语式评定（一般一、二年级用）二者放到一块用。

（2）教师要建立好学生的“成长记录袋”。学生体育学习成绩的评定还应认真对待重建学生成长记录袋。学生成长记录袋能够收录学生在体育学习不同时段的相关情况。学生“成长记录袋”，一方面对推动学生的自觉学习有好处，另一方面也对教师有好处、更方便地指导学生学习有好处，对以后家长回顾自己孩子的成长也有益。

（3）学生要自我评价与相互评价。学生学习评价不单单是需要教师把控，学生也要认真对待自我评价和相互之间的评价。

3. 学生体育学习评价的常用方法

（1）体育成绩定级法。定级主要是依照学生达成教学目标的情况所确定的一种级别。一般情况下它是将学生的学习成绩用文字或字母来表示。

其基本作用为：用等级评定学生的学习成绩状况，并向学生、家长、教师和有关领导报告和解释他们完成教学任务的状况。

①确定成绩的属性及其成分。

体育成绩的属性通常上表示的是教学大纲所规定的教学任务和目标。

构成该属性的成分，主要包括以下几点。

A. 学生的出勤。

B. 学生的学业成绩。

C. 学生的平时成绩。

D. 学生的进步幅度。

E. 学生的学习态度。

通常在进行成绩属性和成分确定的过程中，还会对学生具体的知识与能力水平进行把握。

②确定各成绩成分的权重。大家都知道，学业成绩不是单单的一个数字，它是有很多成分组合起来的涵盖很多要素的属性。就是因为这一点，得把它们的权重比例考虑进去。而通常我们所说的权重，简单来说就是各成分占总成绩的比例。确定权重的方法有以下几种。

A. 依照教学任务和课程性质对权重进行把握。教师结合着教学的培养任务及课程大纲等，以此为参照，再把本人的教学相关经验心得等综合到一起，往往可确定相对来说较为适宜的权重。

B. 依照成绩成分占大纲和教材的地位对权重进行把握。参看法定的权重我们能够发现：其基本能够体现出各成绩成分在大纲与教材里面的不可或缺性的强度，同时还比较客观点。表 5－2－3 是学生体质健康标准权重分配示例。

表 5－2－3　《学生体质健康标准》评价指标[1]

测试对象分组	评价指标	权重系数
小学一、二年级	身高标准体重	0.60
	坐位体前屈	0.40
小学三、四年级	身高标准体重	0.40
	50 米跑	0.30
	立定跳远	0.30

[1] 引自《中华人民共和国教育部，体育总局学生体质健康标准研制组：学生体质健康标准（试行方案）》解读，77 页，北京：人民教育出版社，2002.

（续表）

测试对象分组	评价指标	权重系数
小学五、六年级	身高标准体重	0.15
	台阶试验、50 米×8 往返跑	0.20
	肺活量体重指数	0.15
	50 米跑、立定跳远	0.30
	坐位体前屈、仰卧起坐（女）握力体重指数	0.20
初中、高中、大学	身高标准体重	0.15
	台阶试验、1000 米跑（男）、800 米跑（女）	0.20
	肺活量体重指数	0.15
	50 米跑、立定跳远	0.30
	坐位体前屈、仰卧起坐（女）握力体重指数	0.20

③选择成绩测验的形式。成绩测验的形式主要有以下两种，它们分别是主观的和客观的。不论用哪种，都应让测验包含必要的有效性与客观性，这是非常需要注意的。

A. 主观测验。基本上是表示的是教师或教练员方面的评分评级。

B. 客观测验。基本上表示的是达标测验。

④定级。

A. 依照常模定级。它的难点是要构筑一个合适的常模，一般不容易实现。不过按照这样的方法进行定级相对来说还不错，学生等级成绩将不会受到班级里别的学生的成绩的干扰。

B. 依照班级内学生成绩的排列定级。众所周知的一种定级方法，常用百分数。。依照该方法定级的话，学生的等级成绩会与班级里其他学生的成绩作比较，并且很容易就会受到班级内他人成绩的干扰。

C. 依照教师希望达到的教学任务定级。教师所希望达到的教学任务，通常是依照教学任务和学生实际状况预定的。若教师所希望达到的任务是让学生“基本掌握”就好了，于此情况，该水平就会变为定级的依据点。

（2）理论知识测验评价法。在体育教学里，理论测验跟大多数测验类似，也是对学生学习成绩进行相应评价的一个措施。简单来说，理论测验看重的是对学生基础和其能不能灵活运用这些基础能力的测验，该测验一般比较系统一些，能在一定程度上判定被测学生对基础知识掌握的好坏状况，并在这样的基础之上为教师的相关教学活动提供参考。如果想要让测验可以真实地体现学生的真实水平，理论测验的成分一定得涵盖知识（体现学生对教材的理解度），同时得包含能力（体现学生的分析判断力），必须让这两个前提因素具备了才行。

4. 体育态度的测量与评价

态度基本上表示的是人们依据曾经的经验和本人的联想，对部分东西喜爱憎的一定体现。在这样的情况下，态度是能够因为时间的改变而进行变化的。

在体育教育里，把握学生体育态度是十分不可或缺的。这主要是由于，经对体育态度的相关测量，不仅仅能够对体育教学大纲的实际内容与相关方面的教学手段对学生情感到底会不会有影响，到底有怎样的影响等进行检验，同时也为完善体育教学方法、为增进教学功能奉上了相对客观的理论参照。

对体育态度通常运用态度量表法来评价，下面是其中的亚当斯体育态度量表。

表 5－2－4　亚当斯体育态度量表

同意	不同意	题目	加权数
（ ）	（ ）	1. 体育使人厌倦	3.50
		2. 我常常想从事运动	5.95
		3. 应该免修体育课	1.58
		4. 体能的价值是极有限的	4.50
		5. 我想象体育是好的，但我并不很关心它	5.03
		6. 体育是所有课程中最惹人厌的课	1.02
		7. 我不想放弃体育	8.64
		8. 总的来看，我想体育是件好事	8.0
		9. 喜欢体育的人几乎常常是很理解体育的	7.71
		10. 喜欢体育的人，头脑是简单的	2.65
		11. 体育有点儿用处	6.45
		12. 体育是理想的课程	10.66

（续表）

同意	不同意	题目	加权数
		13. 体育能培育良好的性格	8. 92
		14. 学校不设体育课更好	2. 30
		15. 体育只有较小的贡献	3. 93
		16. 体育是我最喜欢的课程	9. 39
		17. 体育促成的满意结果是持久的	9. 60
		18. 体育成绩的好坏，相互间没什么差别	5. 99
		19. 体育是一种愉快的训练	7. 11
		20. 体育似乎对我没用	3. 08
		21. 体育仅仅服务于少数人的利益	3. 19
		22. 体育能促进道德修养的改善	8. 64
		23. 没有哪一门课像体育这样好	10. 42
		24. 我想体育有时是有用的有时是没用的	5. 92
		25. 在体育课中我学到许多无用的东西	3. 50
		26. 关于赞成或反对体育，我没有多少可说的	6. 0
		27. 体育是颇好的	7. 34
		28. 我们必须参加体育活动是件憾事	4. 64
		29. 体育应该是儿童教育的主要部分	9. 25
		30. 体育基本上是无根据的	2. 09
		31. 我认为体育是有价值的	9. 45
		32. 体育是我曾学到的一门最好的课程	10. 03
		33. 体育尚未证明它在教育中是非有不可的	5. 06
		34. 从事体育是可悲的浪费时间	1. 62
		35. 体育中有些东西是可学的	6. 50
		36. 我不喜欢体育	2. 79
		37. 我厌恶体育甚于任何东西	1. 10
		38. 我想体育是好的	8. 26
		39. 如果我能够做得成功，我就享受到体育的实惠	7. 14
		40. 体育对社会的价值越来越小	4. 05

（1）年龄与性别。适用于高中以上的男女生。

（2）做法。学生对体育态度的题目，只要将同意或不同意填上就可以了，且每条题目有相应加权数。

（3）评价方法。只需考虑填同意的条目，最后评分是所有表示同意题目的加权数总和除以表示同意的题目数。例如，在亚当斯态度量表中，填同意的题目是第 7、17、27 和第 37，我们可以看到其对照的加权数为 8. 64，9. 60，7. 34，1. 10，四个数加起来求平均数，得到测验评分 6. 67。

第六章 学校体育教学实践之案例分析

本章将从学校体育教学实践的角度出发，以学校体育中最为常见的两种体育运动项目——足球、羽毛球为例，全面阐述两种运动项目的技战术教学手段，将前面的教学理论内容付诸实践。

第一节 学校体育教学案例之足球

一、足球运动技术教学实践

（一）传接球技术教学

1. 传球技术教学

传球技术是整个足球运动中比较基础的运动技术，传球的重要性是显而易见的，个人的技术再高，如果没有一定的传球水平，很容易就会被对手包夹，造成失误。任何团队的战术执行都需要传球来支撑，基于这一点考虑，每位成员都应该熟练掌握传球技术，传球质量的好坏在一定程度上也决定了进攻的成功率与防守的质量，在足球比赛的过程中，队员之间传球需要注意的问题主要有以下几点。

（1）传球应秉承简捷、快速的宗旨进行。

（2）后场是整个场区中比较危险的地带，进攻队员在后场进行传球的时候要尽量避免横传或者回传球，尤其是在天气条件不佳的时候，更加应该注意，保证传球的成功率。

（3）在进行传球的时候，需要对周边的站位有一个清晰的认识，能够预见防守球员的走位以及同伴的进攻路线，在掌握了一定的传球技术之后，尽量减少盲目地传球，保证成功率的基础上进行传球。

（4）在进行传球的时候需要时刻注意假动作的运用，掩盖进攻方传球的意图与路线，用假动作迷惑对方，以此来达到躲避对方堵截的目的。

2. 接球技术教学

（1）腹部接球教学。

在激烈的比赛中为了抢点控制球，根据比赛的需要也可以使用腹部接球。

①腹部接平空球。当来球比较突然而且和腹部同高时，应先挺腹，在腹和球接触瞬间迅速含胸收腹，将球接下来。

②腹部接反弹球。在进行腹部接球的时候，接球者一定要用身体正对来球的方向，并进行适当速度的跑动，根据来球的方向和速度对球的落点有一个明确的认识，清晰的判断，接球的瞬间，身体稍向前倾，腹部对准落地之后反弹起来的球，提前保证腹部肌肉的紧张程度，避免受伤，然后压着球向前移动，同时也可以在来球的一瞬间，将身体向侧面转动，然后改变球运行的方向，将球导向同伴的方向。

（2）脚内侧接球教学。

①接地滚球。支撑脚脚尖正对来球，膝关节微屈，同侧肩正对来球。接球腿提膝大腿外展，脚尖微翘，脚底基本与地面平行，脚内侧正对来球并前迎，当脚内侧和球接触的一刹那迅速后撤，把球接在脚下（图 6－1－1）。

图 6－1－1　接地滚球

②接反弹球。在运动员进行接反弹球动作的时候，接球人应该提前对球的落点进行判断，并冲破一切阻拦来到球的落点位置，支撑脚需要在球落点的后面，在接球的瞬间支撑腿屈膝，用胸部、腹部或者大腿、脚背面

接球，使球能够平稳落地，当球落地之后，用脚内侧轻推球的中上部，进行下一动作（图6－1－2）。

图6－1－2　接反弹球

③接空中球。在进行接空中球运动训练的时候，我们需要有效地根据来球的速度以及球运行的轨迹进行相应的移动，及时快速地移动至正确的位置。如果来球的位置比较高，则应该适当抬腿向前迎接来球，使脚内侧接触球，缓缓将球引到地面上，在这个过程中注意要保持身体的平衡，将身体的重心放在支撑腿上（图6－1－3）。

图6－1－3　接空中球

（3）胸部接球教学。胸部接球是接高球的一种好方法。胸部接球包括挺胸式和收胸式两种方法。

①挺胸式接球。面对来球，两脚左右或前后开立，两膝微屈，重心置于支撑面内，上体后仰，下颌微收，两臂自然张开，维持身体平衡。接触

球的瞬间，膝关节伸直，两脚蹬地，胸部轻托球的下部使球微微弹起于胸前上方（图6－1－4）。

图6－1－4　挺胸式接球

②收胸式接球。这种接球方法多用于接齐胸高的平直球。面对来球，两脚左右或前后开立，两臂自然张开，挺胸迎球，触球瞬间收胸、收腹、臀部后移将球接在体前（图6－1－5）。若需要将球接在体侧时，则触球瞬间转体将球接在体后相应的一侧。

图6－1－5　收胸式接球

③胸部接球练习方法。

A. 两人一组互抛互接练习，根据来球方向迅速跑动，用正确部位触球。

B. 互抛平直球进行反复练习，体会收胸收腹时机。

C. 两人一组相距 15 ~ 20 米互传互接练习，根据传球不同情况，分别采用挺胸式或收胸式方法接球。

（4）脚背外侧接球教学。脚背外侧接球的特点是动作幅度小、速度快、灵活机动、隐蔽性较强。但动作难度较大，接球时常伴随假动作和转体动作，适用于接地滚球和反弹球。

①接地滚球。在观察好周边情况之后，根据来球的方向和速度，判断球的落点，尽早选择支撑脚的位置，并且根据场上比赛的情况，运用一些合适的动作或者是方法技巧进行接球。

在做接球动作的时候，应屈膝，踝关节向内侧翻，用脚背抵挡来球，当球临近的时候，接球脚以脚背的外侧来推拨球的相应部位，最终将球控制在最恰当的位置上，继续进行下一动作。

②接反弹球。在接反弹球的时候，我们应当注意判断好来球的落点，进一步抢占最为有利的接球位置，或者是利用假动作来欺骗对手，接球腿的小腿应该与地面形成一定的夹角，同时膝关节做适当幅度的扣压动作，以防球的反弹。

③脚背外侧接球练习方法。

A. 利用足球墙进行练习：采用足球墙练习脚背外侧接地滚球，个人相距足球墙 5 ~ 8 米左右，踢地滚球并等球弹回来，用脚背外侧接地滚球，由开始原地接逐渐过渡到迎上去接。

B. 两人一组对面站立，相距 8 ~ 10 米左右，一人踢地滚球，一人用脚背外侧接地滚球练习；由开始原地接，逐渐过渡到迎上去接，再逐渐过渡到向两侧接球。

C. 个人将球踢高，然后进行接反弹球的练习（或用手抛起后进行练习也可以）。

D. 两人一组对面站立，相距 8 ~ 10 米左右，一人抛地高球，一人用脚背外侧接反弹球练习，由开始原地接逐渐过渡到迎上去接，再逐渐过渡到向两侧接球。

（5）腿部接球教学。大腿接球可根据不同来球高度将其分为接下落高空球与接略高于膝的低平球。

①接下落高空球。身体正对来球，选好支撑脚位置并稳固支撑，接球腿屈膝上抬，以大腿中前部对准来球。触球瞬间，接球腿积极引撤下放，

接球部位的肌肉相应放松，以加强缓冲效果，使球触腿后落于体前（图6－1－6）。

图6－1－6　接下落高空球

②接略高于膝的低平球。面对来球方向，根据来球的高度，接球腿大腿微屈，送髋前迎来球，当球和大腿接触瞬间收撤大腿，使球落在所需要的位置上。

（6）脚背正面接球教学。在进行脚背正面接球训练的时候，我们需要对球的落点做一个预判，在球下落之前及时赶到球即将下落的地点，使自己保持正确的站位，根据来球的情况，选择接球的部位，通常情况下都是用脚背来接球的，一旦球碰触到脚背的正面，接球腿就要随球下降，这个时候大腿的膝关节、踝关节与脚趾等都需要有一定的紧张度，脚尖稍稍翘起，把球接到最恰当的位置（图6－1－7）。

图6－1－7　脚背正面接球

3. 传接球技术训练

（1）跑动中传接球训练。在进行跑动中传接球运动训练的时候，需要两人一组，共用一球，在特定的空间范围内进行跑动训练，在接球的时候，运动员要想提高接球技术，一定要尽量多地使用接球的方式与方法，这在一定程度上也要求传球队员抛出各种各样的球，在球速、传球距离、传球方向以及传球力量上都要有所变化。

（2）抛接球训练。在进行抛接球运动训练的时候，需要两人面对面站位，距离大概在 5 米左右，一名队员用手向另一名队员抛球，另一名队员可以用胸部、腹部、大腿和脚进行接球，随着训练时间的不断增加，抛球队员可适当改变抛球的距离以及抛球的力量，更加全面地锻炼接球人的接球能力。

（3）接控球训练。如图 6－1－8 所示，在进行接控制球运动训练的时候，需要 4 人一组，呈 4 人一组进行站位，正方形的边长控制在 20 米左右（站位距离可根据运动员的训练水平进行适当改变），4 名队员需要站在正方形 4 条边的中间位置，由②号队员开始进行训练，①号队员沿着边线向前切入，②从其身后传斜线地滚球，队员①用同侧脚背外侧接球，向前运球，到边角附近。此时，另一队员④沿边线切入，①斜线传球给④。依次轮转训练，练习一段时间后改变跑动方向。

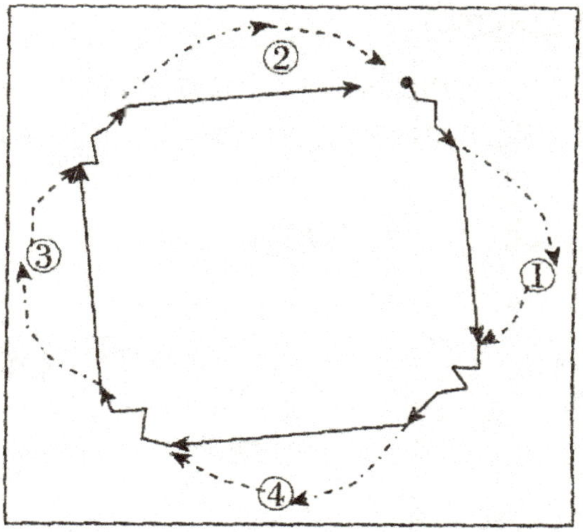

图 6－1－8　控接球训练

（4）对抗中的接停球训练。在进行对抗中接停球运动训练的时候，教练员可以将练习者分为 4 人一组，传接球队员之间的距离在 18 米左右（需要根据运动训练的熟悉程度适当增加或减少队员之间的距离）。如图 6－1－9 所示，防守队员△与接球队员④相距 1 米左右，接球队员②先向后撤几步，然后突然启动向前跑动，接住从④队员传过来的球，并且竭尽全力将球控制在自己所能控制的范围之内，并在最短的时间内将球传给无球队员③，最后进攻队员与防守队员之间相互交换角色，进行接停球训练。

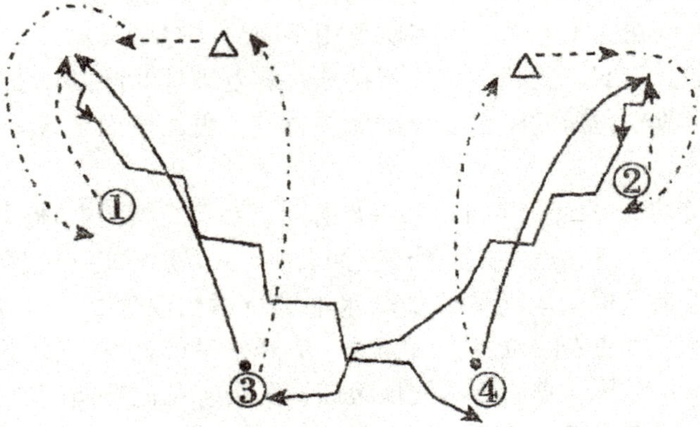

图 6－1－9　对抗中的接停球训练

（二）颠球技术教学

颠球技术就是运动员用身体的多个部位连续对球进行控制和接触，并且保证球不落地，根据接触球部位上的差别，我们将颠球技术分为以下几个种类（图 6－1－10）。

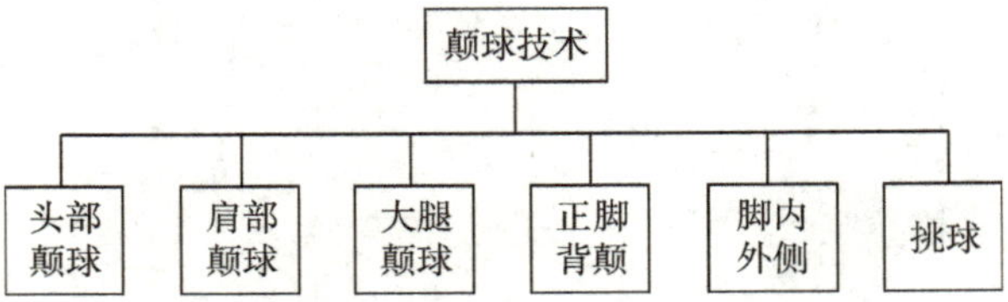

图 6－1－10　颠球技术

1. 头部颠球教学

两脚开立，约与肩同宽，膝部自然微屈，头部上仰，用前额部位连续顶球的下部。顶球时，用力不要太大，并且注意要始终保持两眼注视球。

2. 脚内、外侧颠球教学

脚内侧颠球：支撑腿的膝关节要稍微弯曲，身体的重心也要随着支撑脚的独立移至支撑脚上，用脚的内侧向上摆动，击打球的下部，双脚的内侧交替进行击球动作，但是也可以单脚连续击球，类似踢毽子运动。

脚外侧颠球：动作方法与脚内侧颠球相仿，只是改脚内侧为外侧，提脚颠球时，脚由外往上提起。

3. 挑球教学

挑球就是将自己的支撑脚踏在球的侧后方 25～30 厘米处，膝关节稍微弯曲，将身体的重心前移至支撑脚上，执行挑球的脚放在球顶部，小腿微弯，将球轻轻向身体部位方向拉动。一旦球被脚掌拉动，则脚掌需迅速向后滚动，给球一个加速度，当球具有一定的初速度之后，通过惯性将球滚至脚背，大腿迅速内收，用脚背将球轻轻挑起。

4. 大腿颠球教学

当球马上要下落至大腿抬起平行于地面的位置时，需要抬腿屈膝，利用大腿的中前部位向上击打球的下部，双腿交替击球，同时也可以用一只脚进行支撑，另一侧大腿进行连续击球动作。

5. 肩部颠球教学

双脚左右开立站位，将身体的重心移动至中间位置，双臂自然下垂或稍屈肘。当球下落到接近颠球一侧的高度时，颠球一侧的肩部向上耸立，击打球的中下部位，迅速将球向上颠起。

6. 正脚背颠球教学

在进行正脚背垫球动作的时候，需要双脚交替向上摆动，用脚背进行正面击球，触球的时候注意踝关节的紧张度，击打球的下部。由于摆腿或者是球受力方向的原因，一旦触球会使球产生一定的内向旋转，在进行颠球运动的时候，不仅可以双脚交替进行颠球，而且还可以单脚支撑，单脚颠球。

（三）踢球技术教学

踢球的方法主要有以下几种。

1. 脚背踢球教学

（1）脚背外侧踢球。

①踢反弹球。脚背外侧踢反弹球的动作与脚背正面踢反弹球的方法基本相同，只是接触球时用脚背外侧部位击球。

②踢地滚球。脚背外侧踢地滚球的动作要求和踢定位球相同，但支撑脚站位时应考虑球的滚动速度，以保证在脚触球的瞬间支撑脚与球的相对位置符合规格要求。

③踢定位球。脚背外侧踢定位球的动作方法与脚背正面踢定位球相似，不同点在于摆踢时脚面要绷直，脚趾向内扣紧并斜下指，用脚背外侧击球的后中部，击球后，踢球腿顺势前摆着地。

（2）脚背内侧踢球。

①踢定位球。采用斜线助跑的形式踢定位球的时候，助跑的方向应该与出球的方向呈现出45°的夹角，助跑的最后一步跨度要稍大一些，以支撑脚的脚底主动着地，脚尖指向出球的方向，落脚点要在球内侧约20～25厘米的距离，随后膝关节稍弯曲。

在支撑脚落地之后，踢球腿马上后摆，以髋关节为轴，由大腿来带动小腿，向前摆动，与此同时，小腿要做一个爆发式的摆动，摆动的同时，脚背尽量保持绷直的状态，脚尖稍向外转，用脚背的内侧来击打球的后中部位，当完成踢球动作之后，踢球腿与身体要随着出球的方向向前探出（图6－1－11）。

图6－1－11　踢定位球（脚背内侧）

②踢地滚球。在踢地滚球的时候，首先要判断好来球的方向与速度，找到正确的落点之后，及时移动至落球点，在选择支撑点的时候，要重点

考虑到来球的情况与摆腿的速度，全面保证触球的瞬间能够强劲有力，脚和球之间的相对位置能够保持特定的规范。

③踢反弹球。在踢反弹球的时候，需要运动员判断好来球的落点，根据其运行的速度与方向做一个良好的预判，当球反弹离地的瞬间进行踢球动作，其他的动作要求与踢定位球一样，踢反弹球主要用于踢侧方或者是侧前方的高位来球。

（3）脚背正面踢球。

脚背正面踢球主要包括以下几种。

①踢倒勾球。在我们进行踢倒勾球的时候，需要根据来球的速度和方向进行相应位置的调整，保证自己能够移动到正确的位置，球的落点正好能够与站位相互对应，同时还要保证自己的站位能够在球的后方，在接球的时候，支撑腿稍微弯曲一点儿，上半身保持向后仰的状态，踢球腿以髋关节为轴向前转动，在身体的正前方将球踢出，要求踢出球的方位应与身体的朝向相一致，具体方法如图 6－1－12 所示。

图 6－1－12　踢倒勾球

②踢定位球。在踢定位球的时候，我们还可以考虑采用直线助跑的方式，支撑脚需要落在距球大概 10～12 厘米处，脚尖正对出球的方向，膝关节稍微弯曲，踢球腿在跑动过程中要逐渐向后摆动，并且以髋关节为轴，由大腿带动小腿向前摆动。当膝关节摆动到接近球正上方位置的时候，接下来的动作将由小腿来完成，并以脚背的正面部位来击打球的后中部位（图 6－1－13）。

③踢侧面半高球。在进行踢侧面球训练的时候，球的运行速度与运行方向是我们选择站位的重要参考依据，在选择好击球点的同时，保持身体面向出球方向，顺势将身体的重心移动到支撑腿上，在进行踢球的时候，由大腿带动小腿向前摆动，用脚背的正面来击球，在完成击球动作之后，

图 6－1－13　踢定位球（脚背正面）

踢球腿随身体的惯性向前摆动，保持身体的平衡（图 6－1－14）。

图 6－1－14　踢侧面半高球

④踢反弹球。和其他技术球一样，要踢出反弹球，就要对来球的速度大小、运行轨迹、落点位置做出准确迅速的预判。其技术要点是，把握好球落地的瞬间刚刚从地面弹起的机会，踢球的脚迅速发力，使用脚背踢中足球的中后部，在踢出球的过程中，注意把小腿向上摆动（图 6－1－15）。

6－1－15　踢反弹球

⑤脚背正面踢球练习方法。

A. 徒手模仿练习，按照动作要领在慢跑中做正确徒手模仿的踢球姿势，保持动作的稳定和连贯。在完成技术动作的过程中注意大腿带小腿的摆动和小腿的摆速、大腿的前送动作，同时保持支撑腿的弯曲和身体重心的稳定。

B. 两人一组，一人踩球一人做脚背正面踢球技术动作，体会脚触球部位、体会击球部位。

C. 两人一组踢定位球，俩人相距 10 ~ 15 米踢定位球。一人踢球一人停好，将球再踢回去。

D. 踢准练习，两人一组相距 10 ~ 15 米，中间摆一个 2 ~ 3 米宽门形标志物，两人踢定位球通过门形标志物，反复练习。

E. 两人一组距离由近到远逐渐加大踢球的力量练习，体会远近距离踢球时的不同力量。

F. 踢反弹球练习，两人一组相距 8 ~ 10 米自抛自踢，体会支撑脚位置和击球点位置。

G. 两人一组相距 8 ~ 10 米，一人抛球一人踢活动中来球，体会活动中踢反弹球动作要领。

H. 利用球墙练习脚背正面踢球的技术动作。由原地踢球逐步过渡到在活动中踢球。体会活动中球的落点、支撑脚的位置和身体重心的变化。

2. 脚内侧踢球教学

（1）踢反弹球。在踢反弹球的时候，需要根据球反弹的位置移动到对我们最为有利的位置，支撑脚的站位要与球的落点能够相互呼应，踢球腿摆动与踢定位球的时候想相互一致，一旦球着地之后，在离开地面的瞬间，用脚的内侧来击打球的中部位置。

（2）踢空中球。根据来球速度和运行轨迹及时移动到位，踢球腿大腿抬起（屈）并外展，小腿屈并绕额状轴后摆，利用小腿绕额状轴由后向前摆动，当摆至额状面时与球接触，击球的中部（图 6 – 1 – 16）。

图 6 – 1 – 16 踢空中球

（3）踢定位球。在运动员准备踢定位球的时候，需要一定的助跑过程，在助跑的时候最后一步要比前面几步跨度稍微大一些，支撑脚站在球的侧面，距离一般保持在15cm左右，支撑脚的脚尖需要对准出球的方向，支撑腿的膝关节稍微弯曲。当支撑脚着地之后，踢球腿由大腿带动小腿，做摆动动作，在触球的前一刻钟，用脚跟将球送出去，使得球与脚跟内侧所形成的平面与出球的方向形成直角，踢球脚的脚底要与地面相互平行，脚尖稍稍翘起，踝关节发力使脚型能够固定住，在固定好脚型之后才能够保证踢出去的球急速有力，方向上也不会有太大的偏差（图6－1－17）。

图6－1－17　踢定位球（脚内侧）

3. 踢球技术训练

（1）踢地滚球训练。通过适当的观察，判断出来球的方向与速度，将自己的协调能力进行调整，进一步根据来球的方向确定好支撑脚位置的变换，在进行地滚球训练的时候，一定要学会尝试接受多个方向的来球，包括正面、侧面以及侧后方的来球，在日常的训练过程中，还可以适当增加一些训练的条件，比如运动员在接球的时候必须规定好所使用的脚法与站位方式等，同时还可以根据场上来球方向、速度的不同选择恰当的方式进行接球。

（2）无球模仿训练。在队员们进行无球模仿运动训练的时候，运动员要发挥自己全面的想象力，假设地面上有一个足球，在想象中勾勒出球的形状与位置，然后向前迈步做踢球动作，随着原地踢球动作的逐渐熟悉，可慢慢过渡到慢跑踢球模仿动作，随着时间的推移与练习的熟练度，最后可采用快速组跑的形式进行训练。在进行无球模仿训练的时候，需要特别注意的是，一定要发挥充分的想象力，能够想象到球真正摆放在自己的面前，并且在模仿踢球动作的时候，适当保持脚踝部位的肌肉紧张，使脚型能够固定在一个正确的位置上，这对于今后的实球训练具有非常重要的促进作用，并且对于防止脚踝部位的受伤也有非常重要的意义。

（3）各种脚法的 2 人训练。无论是传球射门训练还是其他形式的射门训练，在进行训练的过程中，队员都可以找一名同伴进行两人训练，当两名运动员进行踢定位球训练连的时候，在训练过程中可以穿插适当的接球训练，当在行进中进行踢球运动训练的时候，则可以适当穿插一些定位球的训练。将两种踢球方式进行交替训练不仅能够增加运动员进行训练的乐趣，同时还能达到最好的运动训练效果。

（4）踢固定球训练。一人把球踩在脚下，另一人用脚的不同部位踢球，体会脚的触球部位。

（5）对墙踢定位球训练。对墙踢定位球就是要求练习者面对着墙，把球放在地面上，然后利用助跑动作，逐渐靠近求，将球踢出（图 6 – 1 – 18），在刚开始进行训练的时候，离墙的距离不要太远，一般需要 5 米左右的距离就可以了，用力不要太大，争取将球踢出去之后能够用手接住，如此往复练习，当训练熟悉之后可以逐渐增加球与墙之间的距离，然后踢球的力度也逐渐加大。对墙踢定位球练习的主要目的就是能够使初练者体会到踢球的整个过程，使运动员能够掌握基本的踢球技术，随着练习地不断深入，可以将地滚球逐渐变成半空球，并且能够熟练运用各种踢球的技术。

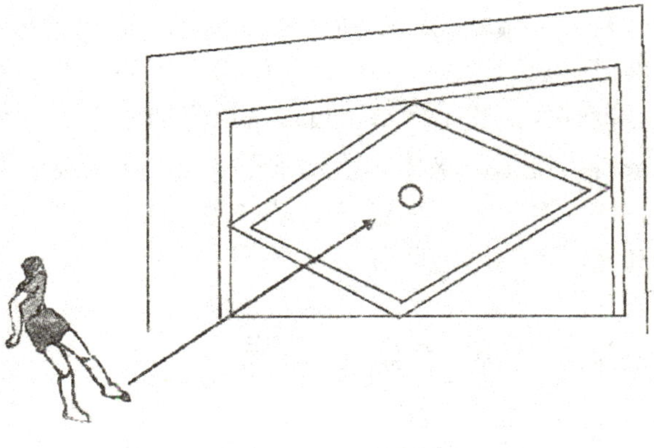

图 6 – 1 – 18　对墙踢定位球

（6）射大球门训练。如图 6 – 1 – 19 所示，训练者需要在罚球区位置上，在球门与训练者之间插上两个小旗做标志，训练者首先第一步需要做的就是用脚抽射，使球绕过中间的小旗进入门内，但是不规定从标志的左侧或者是右侧抽射，踢球的时候对训练者的脚法不做任何规定。随着训练程度的不断加深，足球教练可对训练者进行小旗左侧抽射进门和小旗右侧抽射进门的规定，逐渐提高训练的难度，在一定程度上提高训练者的实战能力。

图 6－1－19　射大球门

（7）利用足球墙和标杆做踢旋转球的训练。可以将标杆插在踢球者与墙之间，标杆与人、墙之间的距离需要根据练习者自身的实际情况来定，在训练的初期可以适当增加一些距离，随着训练的逐渐加深，则需要慢慢缩短距离。在训练的过程中训练者可以利用足球墙进行各种训练，尤其是对于初学者来讲，使用足球墙进行训练能够保证在同样时间之内增加更多的锻炼次数，并且对于集中掌握各种足球运动技术也有很大的促进作用，同时对于提高练习者的球感也有一定的帮助作用。

二、足球运动战术教学实践

在足球运动中，战术的重要性是大家有目共睹的，战术的成功与否对于足球比赛的胜负具有决定性的作用。所以，在高校进行足球运动训练的过程中，我们一定要加强学生对于足球战术的理解和训练，使大学生的足球水平能够得到进一步提高。

（一）个人战术教学

1. 个人进攻战术教学

（1）传球。传球在足球运动中的重要性是大家有目共睹的，能够完成战术执行的最基本要求就是传球的质量，如果我们想传出一些质量比较高的球，球员不仅要掌握正确的传球技术，并且对于传球时机、传球目标以及传球空间的要求也会有比较高的要求。

①传球目标的选择。在比赛的进程中，传球目标一般分为空当传球和脚下传球两种方式，向前方空当传球的威胁是比较大的。虽然这种传球方式的威胁比较大，但是成功率并不高，容易受到对方球员的干扰，为了能够全面掌控比赛的节奏，同伴之间最好还是进行一些横向的传球，从这个角度出发，我们就需要将脚下传球和空当传球两种方式进行有机结合，只有多种传球方式相互结合，才能够迷惑对手，达到最佳的战术效果，当然比赛场上什么情况都可能会发生，对于具体的情况我们还需要进行适当地调整和分析。

②传球时机的掌握。掌握好传球时机，将直接影响到传球的效果以及战术配合的成败。比赛中传球的时机主要包括以下两种情况。

A. 当出球人发现对手出现空当之后要马上进行传球，并指挥相应的接球队员进行位置上的变更，做好接球的准备，实施战术的意图，比如进行转移进攻、快速反击等，但是在进行传球的时候，速度一定要快，动作也一定要迅速，在接近球的时候进行适当的加速，否则被对手识破之后，进攻节奏就会被打破，战术执行也会有很大的难度。

B. 跑位在先，传球在后。也就是说当同伴主动跑向某一个空当的时候，持球人应当马上向该队员进行传球，如果同一个接球的位置上出现了好几名接球队员，那么，持球人应当选择这几个人当中站位最有威胁性的人进行传球。

（2）运球突破。所谓的运球突破就是进攻队员全面运用个人的技术来突破对方的防守，创造出对本队更加有利的进攻机会，运球突破技术是威胁性很高的个人战术，也是难度比较大的个人行动。一般来讲，一个成熟的球队当中，前腰、前锋以及边锋球员的能力要求都会比较高，这种运球突破的技术通常也会被用作战术的起始。

①运球突破的条件。运球突破对于比赛的意义是非常重大的，但是这种进攻方式也需要满足一定的使用条件，只有在恰当的时机使用运球突破技术，才能够真正发挥出它的威力，如果球员不分场合与时机，一味地进行运球突破，不仅很难达到进攻的效果，而且对于战术的执行也会有很大的阻碍。运球突破的条件具体如下所示。

A. 本队进攻球员在前场得球后身边并没有队友及时跟上接应，此时应果断选择运球突破。

B. 在中、前场得球，对方采取越位战术，同伴又处于越位位置时，此时应选择运球突破。

C. 控球队员在对方罚球区附近，而防守队员身后又有空隙，突破后即可射门时，应该大胆突破。

D. 控球队员在对手紧逼盯抢而失去传球角度时，应果敢地向前突破。

E. 控球队员处在一对一的情况下，一旦突破即可传中或从中路长驱直入逼近对方球门时，应大胆运球突破。

②采用运球突破的注意事项。

A. 在面对防守人的时候，一般防守人都是背对球门的，一旦进攻球员在适当的机会获得了进攻的机会，防守球员再次进行补防的时候，首先需要做的就是转身动作，简单的一个转身可能就会失去一次很好地补救机会。这个时候，进攻球员就要适时抓住进攻的机会，充分利用好自身的速度优势，尽最大可能突破对面球员的防守。

B. 把握稍纵即逝的有利时机，具体时机就是当对面的防守队员距离控球队员一米也就是一大步左右，此时，拦截的对手正处于一种犹豫不决或者是正试图与自己夺球的一瞬间，是突破的最佳时机。

C. 一定要有过硬的控球技术，时刻掌握球的动向，只有这样才能做到随时准备突围，即使无法突围，也能保证球不被对方拦截，造成失误。

D. 运动员要有过硬的突破技巧，能够做到随机应变，根据对方的防守状况，掌握有利时机，迅速突破对方防守。

E. 运动员在准备要突破对方的防守时，一定要果断迅速，一旦成功，迅速传球配合，如果能射门就要把握时机立即射门。

F. 正确运用突破的技术，才能达到想要的结果。

（3）跑位。应该说，在一场足球比赛当中，除了持球的运动员和双方守门员，其他运动员都在跑位，所谓跑位，就是运动员在不持球的时候，通过有目的的跑动寻找有利位置或空当，目的就是帮助己方得球或威胁对方射门。

跑位动作在比赛中是最常见的一种技术形式，在进攻的过程中基本都是以跑位串联整个比赛的，真正能够打破对方战术的就是这种无球跑动，为本队球员获得更加有利的进攻机会。

①跑位战术的基本内容。跑位并不是漫无目的的，跑位的方法也不是单一的，根据赛场上的状况，可以将跑位分为变相跑、加速跑、突然启动跑等多钟。在跑位的过程当中，最重要的内容就是及时抓住最有利的跑位

时机，确定想要通过跑位到达的位置以及正确的方向。

A. 敏锐的观察。在比赛的进程中，本方队员如果得到了球权，本队的作战形式就会发生由守转攻的变化，无球队员需要做的就是要学会适当的观察，了解球所在的位置以及出球的角度之后，根据队友的站位以及对手的站位进行适当的跑位和传球。另外来讲，同时还要观察对方球员给予本队球员的所有阻碍，然后及时根据赛场上的变化，随时进行相应的战术调整。运动员的观察能力往往在一定程度上能够对比赛起到决定性的作用。

B. 有明确的跑位目的。在整个足球比赛过程中，无球队员的跑动需要有明确的战术目的，即使运动员的身体素质再怎么好，没有明确的战术目的，也不会取得比较好的效果。

接应：当己方队员处于持球状态时，无球的运动员要通过跑位接近控球队员，通过以多打少突破对方的防守，进而实现射门的目的。

摆脱：当双方的运动员处于一种僵持状态时，避开对方的防守是无球运动员首先要做的就是冲出或避开多方的防守，当对方采用紧逼战术的时候，接球队员就要采取相应的方式方法进行躲避，可以忽快忽慢、忽前忽后的跑动，以此来摆脱对方的防守，接受同伴的传球，如果无球队员站在原地不进行跑动的话，就很难得到同伴的传球，对于整个比赛的影响也会是比较大的。

切入：足球比赛是一项相互配合的运动，处于跑位状态的运动员发现己方的持球队员为了突破对方的防守而想要将球传向对方球员之间或对方球员背后的空当位置时，就要及时跟进，以便己方继续控球，掌握主动权。

拉开：一旦确定控球权，就要及时拉开与对方的距离，适当的距离不仅有利于控球队员的转移，还有利于促进控球队员组织进一步进攻甚至是射门，或者是本队球员全部拉开，给对方球员制造一种视觉上的错位感，适时寻找进攻的战机，一旦对方出现空当，立刻发动进攻。

传球后立即跑位：控球队员传球给同伴之后马上就会变成跑位队员，所以，持球队员在完成传球动作之后应该马上进行跑位，只有这样整个队伍才能够在流动中进行协调一致的配合，一个流动性比较大的足球队伍，在比赛的过程中更加容易取得比赛的胜利。

C. 选择正确的跑位方向。在进行足球运动比赛的时候，很多情况下比赛的结果胜负往往是由罚球区来决定的，对于两方队员来讲，对方的罚球区是发动进攻的重要区域，罚球区是获得射门机会的重要区域，在跑位的时候更要把握好罚球区的跑位方向。

D. 掌握跑位时机。正确把握跑位时机，重要的是队员之间的默契配合，不管是跑位队员还是传球队员，默契程度越高，达到的效果也就越好。要想培养这种默契，就要做到两点：一方面，掌握控球权的队员在传球的过程当中，要时刻关注自己周围己方队员的跑位情况并且选择恰当的时机进行跑位，这时，传球队员要在视线范围之内选择出一名最优的接球队员。另一方面就是跑位队员在跑位的过程中，要与传球队员之间进行目光交流，跑位队员要善于发现空当，找到合适的机会之后，意会到传球队员的意图，传球队员在传球的过程中也要时刻保证传球的隐蔽性。

②创造和利用空间的跑位。

A. 如果跑动引起防守者跟随移动，所创造的空间就可由另一些进攻者利用。如图 6 - 1 - 20 所示，②号就是利用了③号创造的空间从而得到进攻的有利机会。

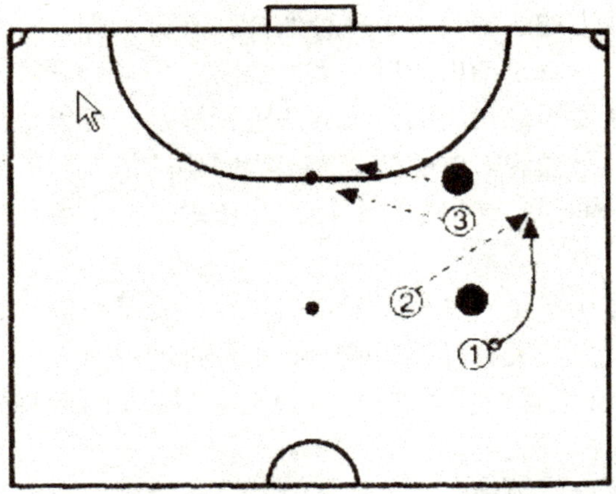

图 6 - 1 - 20　创造和利用空间的跑位（一）

B. 在 30 米 ×20 米方格区域内，设一个活动球门，在该区域中共有 6 人，其中 1 名守门员，而方格区域内的人员中可以设 2 人进攻，3 人防守（图 6 - 1 - 21）。最初的时候由于技术的生疏，防守可以适当松些，待熟练后就要与实战一致。进攻者也可适当调整，如①③号相交时做交叉配合，①③号相向移动时，①号向空当做反方向传球，②号接球后进行射门，①③号进行包抄。

C. 如果控球队员在跑动的过程当中，防守队员并没有及时跟随，这个空当，就是传球的最佳时机。如图 6 - 1 - 22 所示，③号就是利用了这个空间。

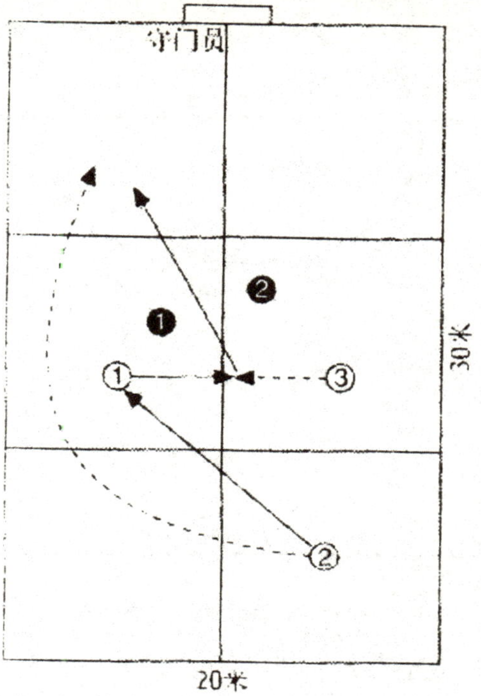

图 6－1－21　创造和利用空间的跑位（二）

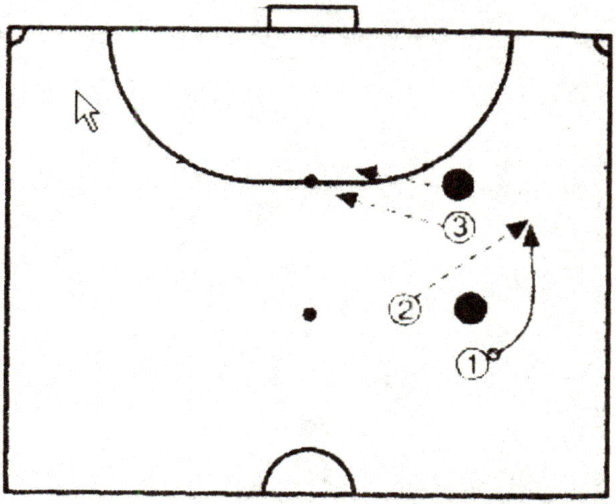

图 6－1－22　创造和利用空间的跑位（三）

D. 如果跑动而且牵动防守跟随移动，所创造的空间可由第一进攻者利用。如图 6－1－23 所示，②号牵动，①号利用前方空间下底。

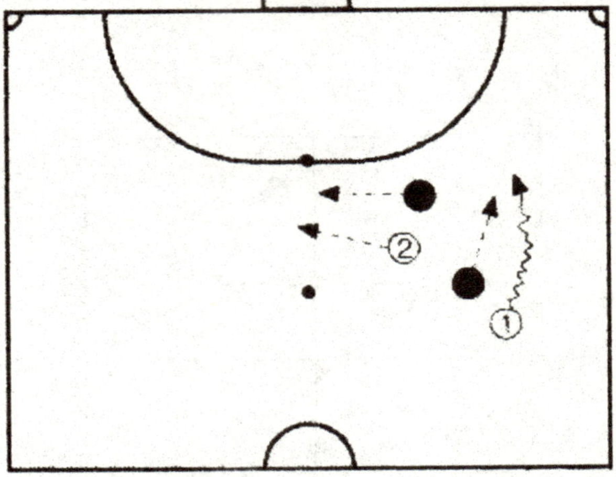

图 6－1－23　创造和利用空间的跑位（五）

E. 前锋和前卫配合创造和利用空间练习。前锋队员斜线跑动，能创造可被居后插上的前卫队员所利用的空间（图 6－1－24）。其他位置配合创造和利用空间的练习也可以根据本队的战术设想而设计。

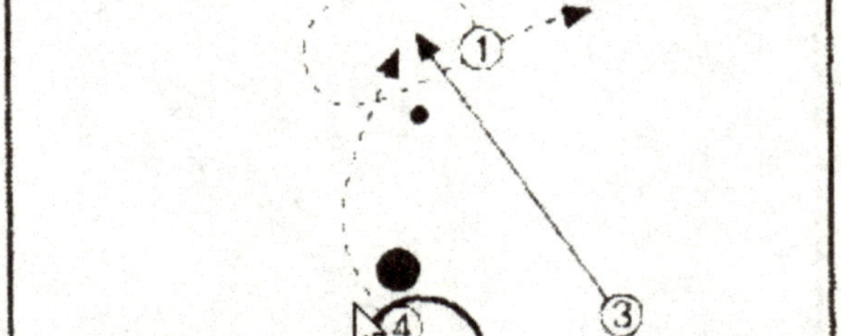

图 6－1－24　创造和利用空间的跑位（六）

③提高应变能力的跑位。

A. 运用突然变向摆脱对手。进攻者⑧中速向右斜前方跑动，防守者❻紧逼时，⑧突然而快速地转向左斜前跑，摆脱❻的紧逼，接⑨的长传球进攻（图6－1－25）。

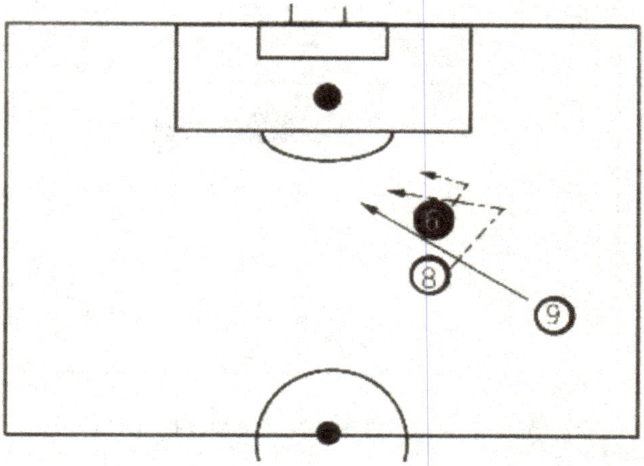

图6－1－25　提高应变能力的跑位（一）

B. 运用突停或突启摆脱对手。这种摆脱的方法是进攻者在对方紧跟并根据进攻者的移动而移动时，运用突停作假象，然后再快速跑动以摆脱对手。进攻者⑨快速跑动，防守者❸紧跟不舍，⑨突然急停，然后再快速摆脱❸（图6－1－26）。

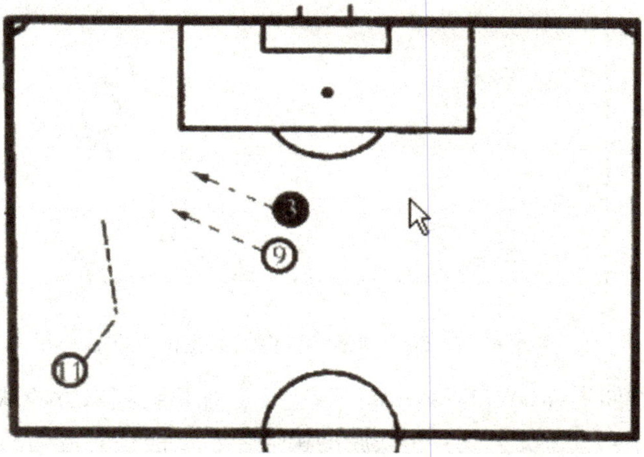

图6－1－26　提高应变能力的跑位（二）

C. 运用先压后回摆脱对手的方法。进攻者⑧向前插上，准备接应同伴⑦的传球。当⑧把防守者❻和❸吸引到一起时，便突然转身回跑，摆脱❻和❸的防守，接⑦传来的球（图 6－1－27）。

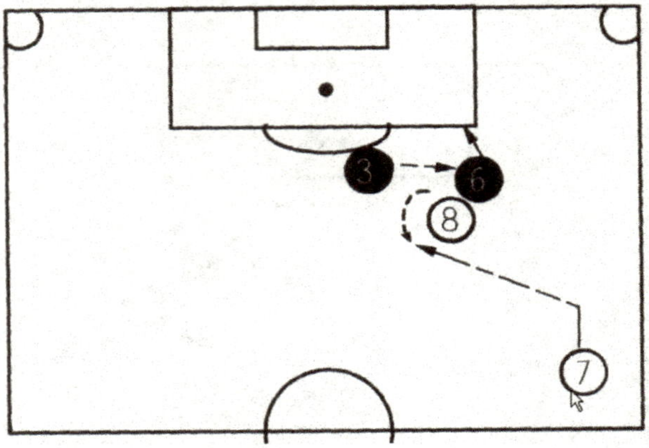

图 6－1－27　提高应变能力的跑位（三）

D. 运用反切摆脱对手。进攻者⑦向回跑，准备接同伴⑥的传球，把防守者❹引出，再突然转身切入以摆脱❹的防守，接⑥的传球进攻（图 6－1－28）。

图 6－1－28　提高应变能力的跑位（四）

（4）摆脱。在进行足球比赛的过程中，如果得到对方的球权，就要想方设法获得传球的机会或者是摆脱的机会，积极摆脱对方的防守，方便获得下一回合进攻的机会，更好地执行教练的战术安排，最终在摆脱对方的防守之后继续进行射门动作。

在摆脱对方防守的时候，我们可以采用的方法也是多种多样的，如突然加速、多次变向、做假动作等，这几种摆脱方法的使用一定要在保证球员都能适应的情况下进行。场上的空当与传球的时机一般会在很短的时间内就消失，这就要求队员在传球的过程中一定要迅速抓住战机，否则在对手干预比较强的情况下很难完成传球的技战术。

①向前跑突然转身向回跑。⑧号向前插进，准备接应⑦号的传球；当⑧号把防守队员❻和❸吸引到一起时，便突然转身回跑，摆脱❸❻号的防守，接⑦号传球（图6－1－29）。

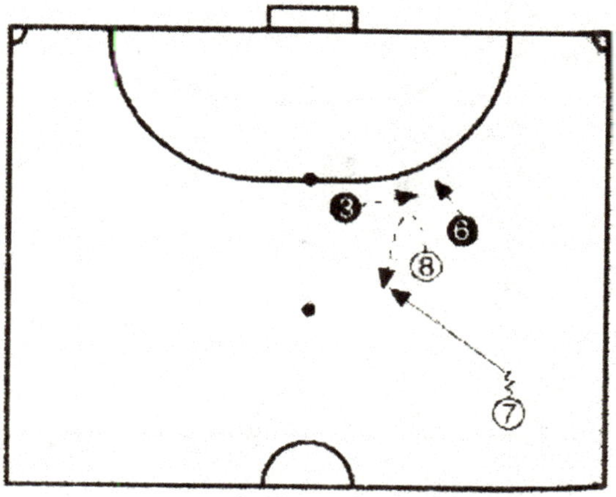

图6－1－29　向前跑突然转身向回跑

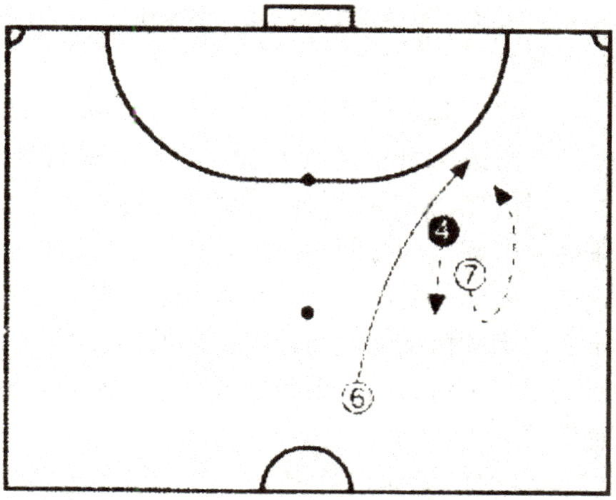

图6－1－30　向本侧跑突然转身切入

②如图 6－1－30 所示，⑦号向本侧跑去准备接⑥号的传球，把防守队员❹引诱出来，再突然转身切入摆脱❹防守。这种方法等于自己给自己制造空当。对一个跑得快的前锋来说，在较大范围里发挥技术和速度是比较有益的。

③快跑—突停—快跑。这种摆脱的方法是在对方紧跟进攻者并根据进攻者的移动而进行移动时，可运用这种摆脱方法造成对方被动（图 6－1－31）。

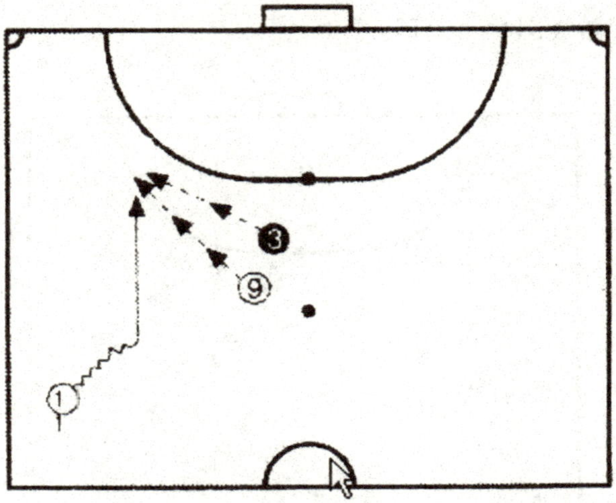

图 6－1－31　快跑—突停—快跑

④突然转向右或者向左斜线跑。⑧号开始向一边跑时速度须稍慢，遇防守队员❻紧逼时，⑧为了摆脱❻的紧逼，再转向另一方向跑时要突然快速以便于甩掉对方（图 6－1－32）。

（5）射门。在一场足球比赛当中，决定比赛结果的就是射门的成功与否，成功多的一方也就意味着比赛的胜利，因此，所有球员的战术配合，最终目的都是为了射门成功，所谓射门，就是比赛过程中，一方运动员将足球有目的地踢向对方球门的行动。

①射门的技巧。射门的方法与技巧是多种多样的，在进行比赛的过程中我们要根据场上的实际情况适时地选择射门的角度与力度，大力量进行射门看起来可能比较有威胁，但是射门的成功率并不一定会很高。

②射门注意事项。

A. 力争抢点直接射门。通常情况下，在一场足球比赛中，射门的时机通常是稍纵即逝的，因此，一定要及时把握住，一旦出现射门的机会，一定要力争直接进行射门。

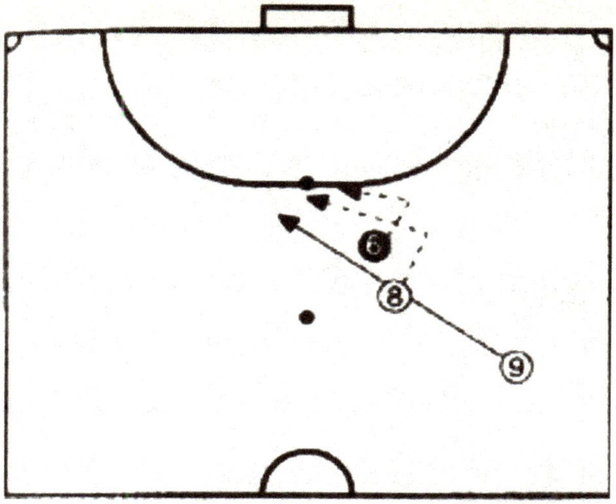

图 6－1－32　突然转向右或者向左斜线跑

B. 抬头观察。当然，射门也不仅仅是射门这一个动作，还要讲究射门的成功率，因此，在准备射门的时候，要迅速观察球门的位置以及对方守门员的所站的位置，采用最为合适的射门方式，出其不意，迅速射门，提高成功率。

C. 沉着冷静。在进行射门动作的时候，一定不要盲目，也不要慌张，看准恰当的时机，利用防守上的漏洞以及队员之间的空当进行射门，在射门脚法的选择上，一定要用自己比较擅长的手段和方式进行攻击，在保证射门成功率的基础上尽可能地加大进攻的力度，增加对方防守的难度。

D. 珍惜射门机会。在一场足球比赛当中，不管运动员是处于一种怎样的状态，一定要找准时机，果断射门。

E. 及时跟进补射。首先足球比赛是一个团队运动，因此，当运动员在射门的过程中，如果有位于球门较近的队员，就应该立刻跟上，当射门球员没有能够完成射门或者射门失手之后，跟进球员可以马上进行补射，这种补射在一定程度上讲并不是难度很大的技术动作，这种动作的难点就在于寻找合适的机会进行补射。

2. 个人防守战术教学

个人防守战术是局部防守战术和整体防守战术的组成部分。个人防守战术主要包括选位和盯人两个方面。

（1）选位。在比赛中，由攻转守时，防守队员应立即选择最有利于防守的位置。选位要注意以下几个基本原则。

①要想在选位的时候获得比较恰当的站位，对手与本方球门中心所构成的直线附近是一个不错的选择，并且还要拥有清晰观察场上双方球员之间活动情况的能力，对于对手的站位和跑位都能够有清晰的判断，足球的移动方向以及球速都能够做到心中有数，确保球和人能够在自己的视线范围之内（图6－1－33）。

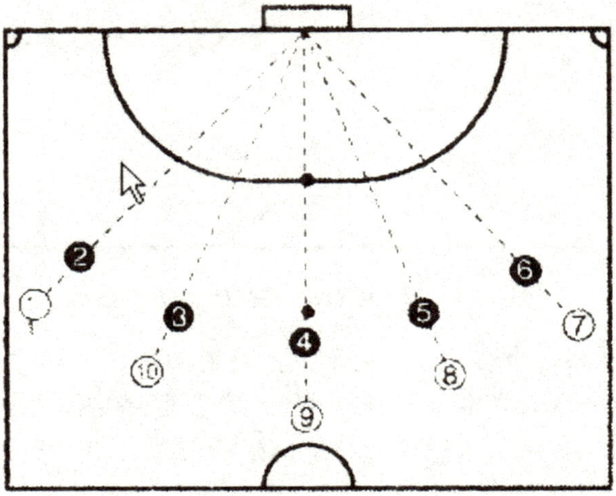

图6－1－33　选位（一）

②防守队员在站位的时候一定要学会根据场上战术形式的变化以及对方进攻的路线进行相应的调整，找到适合防守的最佳位置。

③在二防三的情形下，我们需要安排一名防守队员对持球队员进行紧逼，另一名防守队员则需要采用区域防守的形式进行防守的布置，以此来保护紧逼的防守队员。

④在遇到对方以多打少的情况时，如“二过一”“三过二”配合，防守队员在没有把握抢断的情况之下，一般情况下都要采取主要向进攻球员的方法，一定不要盲目地进行上扑或者是铲球，而是要将自己的定位在两名进攻队员之间，堵住双方进行传球的路线（图6－1－34）。

（2）盯人。盯人就是在足球比赛的过程当中，处于防守一方的足球队员，采用各种方法和技术，对对方球员采取的一对一的盯防战术。这种战术的主要目的就是对对方球员展开有针对性的严密的战术控制行为，最大限度地降低对方的进攻力度。在足球运动中，盯人战术的运用是最为常见的方法之一，盯人战术同时也是其他综合性战术的重要组成部分。通常情况下我们可以将盯人战术分为紧逼盯人和松动盯人两种形式。

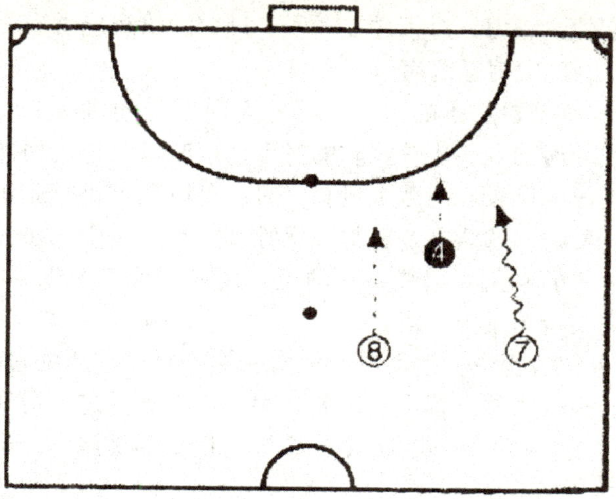

图6-1-34　选位（二）

紧逼盯人战术就是防守队员不给进攻队员任何的活动机会，这种情况主要是禁区防守。松动盯人就是攻防之间有一个相对固定的距离，只要是在随时能够拦截或抢球的范围内即可，这种盯人方式主要运用于与对手距离较远的情况下。

①盯人的基本原则。

A. 盯人要分清进攻人的威胁程度。对于离球或者球门较远又不可能接到球的对方队员可采用松动盯人。

B. 对有球队员及其附近可能接球的进攻队员和本方罚球区附近的对方队员都要采用紧逼盯人。

C. 盯人时防守球员要始终处于启动状态，身体重心应稍低，切忌不要双腿站死。

D. 对于速度快，反应快，而防守队员不及对手的情况下，不要紧逼。

②盯人队员的注意事项。

A. 防守者必须根据比赛中球的位置，站位于被盯者和本方球门线中点的连线上，并且要根据场上的具体情况，和球保持适当的距离。

B. 盯人者一般情况下都会在一些比较稳定的区域内根据所盯防对象采取一定程度的来回跑位，这也是现代足球比赛最为基本的要求，但是盯人者在进行防守的时候，肯定会出现这样或者是那样的防守漏洞，这就要求防守人在防守好自己位置的同时，盯住可移动区域内其他人的防守情况，条件允许的情况下进行及时的补防，切实保证防守的有效性。

C. 防守者在盯人的时候一定要注意观察周边的战术变化以及局势变迁，保持高度的注意力，对于进攻者所要进攻的路线能够有一个明确的判断，提前准备，随时对被盯者进行干扰。

D. 盯人者还需要具备的另一个特殊素质就是随机应变的能力，当同伴在防守过程中遇到一些比较难防的对手，这时可以进行协防，执行围抢战术，当附近出现比较好的截击机会之时，可以马上进行阻击，各个负责人盯住自己所要防守的队员是获得比赛胜利的重要条件之一，同伴之间根据场上比赛形式的变化，调整防守的位置，灵活地去协助他人进行防守，也是提高防守质量的重要手段。

E. 在盯人的过程中，运动员所付出的体力要比进攻的过程中大得多，所以，教练员在盯人的过程中一定要使用适当的球员进行盯防，一旦出现体力不支的情况，可以适当地减少争抢，以保证剩余比赛时间的体力充沛。

（二）整体战术教学

1. 整体进攻战术教学。

整体进攻战术，是指参与进攻的人数较多、进攻面较广的战术配合。整体进攻战术主要有以下几种。

（1）快速反击。快速反击战术通常发生在对方全力发起进攻的时候，特别是当后卫压到中场的时候，防守人数会有很大程度上的减少，所以，在进攻一方留下空隙的时候，会给对手很多可以利用的机会，防守方如果能够在这个时候抓住防守的机会，将球断下，或者是在防守方退防的时候，利用对方的失误，来发动快速反击，这样就会给对方致命的打击，破坏掉对方进攻的节奏，反被动为主动。

①快速反击的条件。

A. 任何一支足球队伍当中都要有一到两名“尖子”队员，要求不管是在技术或速度方面，还是在突破能力和随机应变方面都要有突出的条件。

B. 队员能迅速抓住赛场上稍纵即逝的反击点和突破口，并抓住机会及时反击。

C. 传球次数控制得当，尽量减少传球次数，增加传球的成功率。

D. 一旦突破，队员之间的配合要及时。

②快速反击的时机。

A. 抢到对方的脚下球后。

B. 抢截到对方不准确的传球后。

C. 对方进攻中犯规而被罚任意球后。

（2）边路进攻。边路进攻的主要特点通常都表现在进攻区域中，随着人们对于足球运动认识的不断加深，人们逐渐意识到球门的中路地带是对球门威胁最大的区域，所以在今后的比赛过程中人们都要集中注意到在球门中路的一些防守方法，对于两边路的防守可以适当放松防守，但是也不能完全放松，在这种防守理念之下，进攻一方就有了可乘之机，进攻球员可以在边路进行攻击，边路进攻通常都是以下底传中或者是内切传球的方式进行的，所以，从这个维度上来讲，传球质量的高低在一定程度上就会决定进攻的效果。

边线传中对于时机的掌握是非常重要的，当最好的射门位置被己方队员占据或即将占据，此时就是边线传中的最好时机，这个时间点对于射门的成功率来说有很大的提高作用。这时候，传球的队员要随着防守队员向球门方向跑动，传球的速度要快，时间要及时。从另外一个角度来讲，下底传球中的落点一定要进行认真的思考，传中的落点通常会有罚球点、中门门柱以及远门柱的位置，另外来讲，远门柱的区域同时也是进行传中的主要落点。

边路进攻中主要包括边线传中（图 6 - 1 - 35）和切底回传(图 6 - 1 - 36)两种形式。

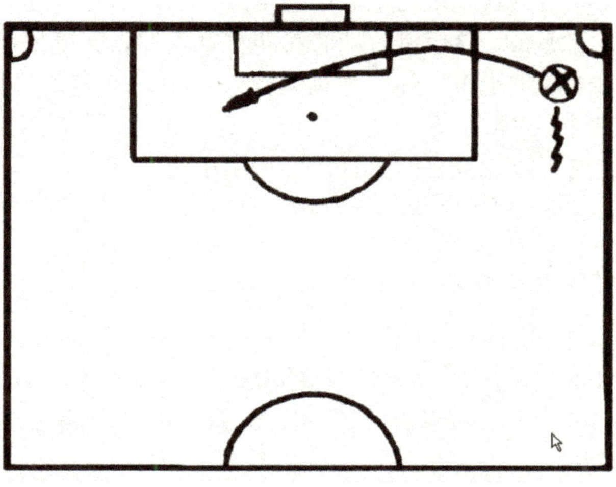

图 6 - 1 - 35　边线传中

（3）阵地进攻。阵地进攻是一种有组织、有步骤的全新进攻形式，通常发生在对方出其不意抢球的过程当中。这是一种更加谨慎的一种进攻打

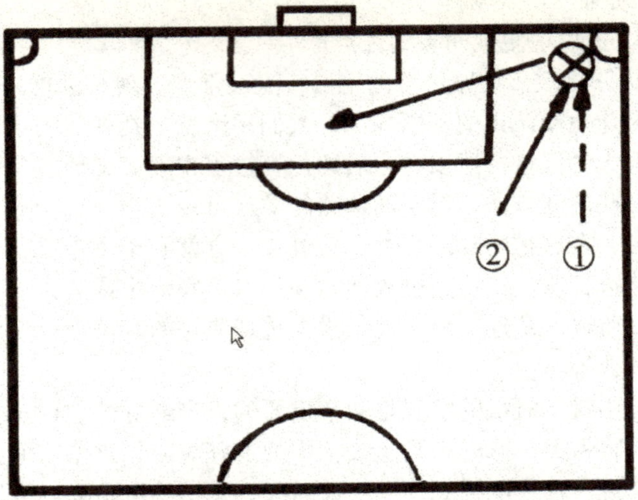

图 6－1－36　切底回传

法，相对来讲这种打法的稳妥性与准确性要比其他打法更好一些。一般来讲，只有那些战术素养良好，技术能力过硬的足球运动员才能够在比赛中掌握进攻的主动权。

（4）中路进攻。中路进攻就是由中路球员所发起的进攻，中路进攻是进攻发起点与攻击点直线距离最近的两个点，一旦通过中路进攻的方式突破对方的防线，那么，这个进攻威胁是非常之大的，获得射门机会也是非常多的。但它的缺点也很明显，那就是这一区域通常是防守的重点区域，对方可能会安排多名队员在此进行防守任务，由此可见突围的难度之高。总体来讲，中路进攻方式是所有进攻方式中威胁力最大的一种，同时也是对个人技术和团队配合能力要求最高的一种进攻方式。

2. 整体防守战术教学

（1）任意球防守。

①争取时间。干扰对手发球，以争取时间组织人墙。

②组织人墙。人墙的组织并不是随机的，排设人墙也是有一定要求的，具体如下。

A. 要根据罚球地点确定排墙的人数。

B. 人墙应封堵球门近角一侧。守门员主要防守球门远角一侧，并应看清楚罚球队员和球。

C. 人墙不宜离球太远，以免影响封堵的角度。

（2）人盯人防守。人盯人防守就是指在一个足球队中，所有的运动员都要有赛场上的固定盯防对象，自由人除外。该战术的特点就是比赛中每一位进攻队员无论是在身体上还是在心理上都会有一定的压力。但是从这些年的足球比赛中，我们不难发现人盯人防守正在逐渐淡出历史的舞台，在运动员进行人盯人防守的过程中应该注意以下几点内容。

①队员和盯防对象之间的作战能力要匹配。

②相同球队的队员之间要相互配合。当一人的盯防出现失误或差池，附近的队员要在不影响比赛的情况下，要机动灵活、反应迅速对他的盯防工作进行补充，以保证整个队伍防守的严密性。

③足球运动是一项非常消耗体力的运动，尤其是在防守过程中，防守队员要在全场范围内不停歇地奔跑和逼抢，因此体力素质对于每一位防守队员来说都有较高要求。

（3）混合防守。混合防守就是采用人盯人防守与区域防守相互结合的方式进行防守的方式，在比赛的过程中混合防守可以采用后腰盯人，其他球员进行区域防守的防守方式，或者是指明某一位球员进行盯人防守，其余球员均进行区域防守的方式。在采用混合防守方式的时候，我们应该注意以下几点。

①丢球即抢或迅速封堵。

②局部紧逼，相互保护，及时补位。

③夹击和围抢。

④层层设防，保持队形。

⑤切忌在罚球区域或其附近犯规。

⑥重点盯住进攻的组织者和攻击手。

⑦制造越位。

混合防守的使用能够有效地根据战术的需要进行适当地安排，混合防守的种类也是非常多的，能够在一定程度上表现出一定的灵活性，当对方的进攻主要依靠两名前卫进行的时候，防守方就可以根据这种进攻方式，采用对两名前卫进行紧盯的方式，有针对性地进行防守，能够很大程度地提高防守的质量，其余队员则可以采用区域盯人的方式进行防守。

（4）区域盯人防守。区域盯人防守就是在一场足球比赛当中，不同的队员有其固定的防守区域，其活动范围也仅限于这些防守区域，当进攻者进入某位防守队员负责的区域的时候，紧盯这位进攻队员，进而对他将要进行的所有进攻方式进行防御就是改负责队员的主要任务。区域盯人防守能够明确每个防守者的明确任务，但是这并不意味着人们能够放弃团队之间的协作，当某人防守失败时，临近的队员应该马上进行相应的补位，被进攻队员突破之后，防守队员应该马上与其进行换位，最大限度地保证防守的有效性。这种防守方式的缺点就是队员之间的分工不像人盯人防守那么明确，这也会给进攻者带来可乘之机。

第二节　学校体育教学案例之羽毛球

一、羽毛球运动技术教学实践

（一）握拍技术教学

1. 握拍技术分析

（1）正手握拍法。以右手握拍为例，持拍将拍面向左置于体前，右手拇指、食指伸开，使手掌根部靠在球拍握柄底部位置，另三指并拢握住拍柄，虎口对着左侧宽面的棱边上，拇指和食指轻松形成 V 字形，贴在拍柄左侧的宽面上，食指与中指稍微分开，第二指节贴住拍柄右侧宽面并自然弯曲，掌心不要紧贴拍柄（图 6－2－1）。

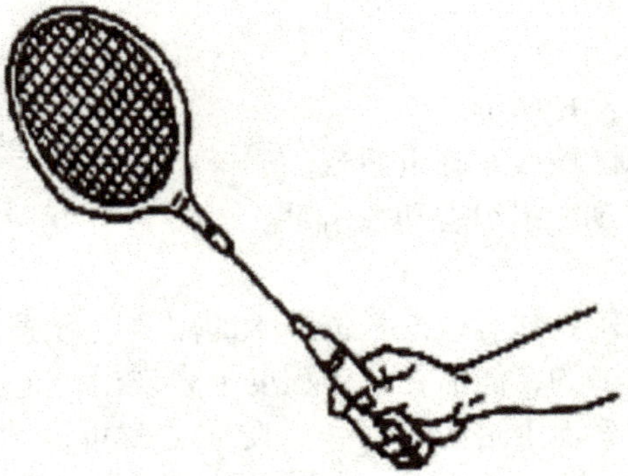

图 6－2－1　正手握拍

（2）反手握拍法。在正手握拍基础上，将球拍向右方向转，拇指伸直，指腹贴在球拍的左侧宽面，手指向中指、无名指、小指靠拢，握住拍柄，掌心要留出空隙，便于保持手指的灵活性。一般不运用反手击后场球，通常在十分被动或必须用反手击球的状态下使用。先转体成背对网，再用反手握拍法击球（图 6－2－2）。

图 6－2－2　反手握拍

2. 握拍技术教学

（1）两个人之间相互交换变换握拍动作，反复练习，体会握拍技术动作。

（2）练习者之间相互合作做后场击高球正手挥拍动作、发球挥拍动作和挥网球拍练习。

（3）将羽毛球固定在击球者的左肩上方，做正手挥拍练习；将击球点放在左侧上方，做侧身反手挥拍动作。

（4）对照镜子做挥拍动作，要求挥拍动作连贯，击球点尽量放高，准备动作要放松。

（二）发球技术教学

1. 发球技术分析

（1）正手发球。

①发高远球。在发球的时候，左手需要把球举在身体靠右的前下方，松手，使球自由落体，同时右手大臂带动小臂，从右后方向左前方移动，大臂开始挥动的时候，身体的重心也由右脚逐渐向左脚移动。当球自由下落到一定位置的时候，右手紧握球拍，运用手腕的力量将球击出，随之左臂上挥，右臂随挥，击球之后的身体重心由右脚移动至左脚，如果是左手持拍球员方向与右手持拍的方向相反（图 6－2－3）。

图 6－2－3　发高远球

②发平高球。在发平高球的时候，前臂需要用力加速带动手腕向着前上方的位置进行挥动，拍面也要向前上方进行倾斜，用力的方向主要是以向前为主，向上的力度也是存在的，但是向上的力度相对较小，鞭打击球，在击球的时候，动作要比发高远球小。注意发出球的弧度以对方举拍不能触及的高度为最佳，并且还要求将球的落点保持在对方底线以内（图 6－2－4）。

③发网前球。正手发网前球时站位稍靠前。握拍尽量放松，上臂动作要小，重心在左脚上，右脚跟提起。击球时，由前臂带动手腕使拍面从右向左斜切击球，控制用力，使球刚好贴网而过，落在对方前发球线附近。击球后，还原成准备姿势（图 6－2－5）。

图6－2－4　发平高球

图6－2－5　发网前球

（2）反手发球。

①反手发网前球。反手发网前球时，小臂带动手腕发力，球拍由后向前推送，拍面呈切削式击球，使球过网后急速下落在对方场区的前发球线附近（图6－2－6）。

图6－2－6　反手发网前球

②反手发平球。反手发平球时，球拍的挥动方向与反手发网前球一样，只要在击球的瞬间，手腕抖动，突然发力，拍面要有“反压”动作。

2. 发球技术教学

①徒手做发球前的准备姿势，模仿发球的动作。

②站在墙边50厘米处，身体右侧对墙，反复进行挥拍练习，使挥拍路线尽量贴近右腿。

③用细绳把球吊在预定的击球点处（身体右侧前下方适当高度），反复进行练习。

④用多球进行准确发球的练习。

⑤在场上两人对练发球。

（三）击球技术教学

1. 击球技术分析

（1）前场击球。

①搓球。

A. 正手搓球。侧身对右边网前，正手握拍。球拍随着前臂伸向右前上方斜举。击球时，在球拍举至最高点时前臂稍外旋，手腕由后伸至稍内收与网前击球前期动作一致。击球时，加快挥拍速度，体现“搓切”的动作，击球的右下底部，使球翻滚过网。击球后还原成准备姿势（图6－2－7）。

图6－2－7 正手搓球

B. 反手搓球。移动到位，反手握拍，前臂稍上举，手腕前屈至网高处，使手背高于拍面。搓球时，主要是用小臂的外旋和手腕内收并外展的合力，搓击球托的右后侧底部，使球侧旋滚动过网，击球后还原成准备姿势（图6－2－8）。

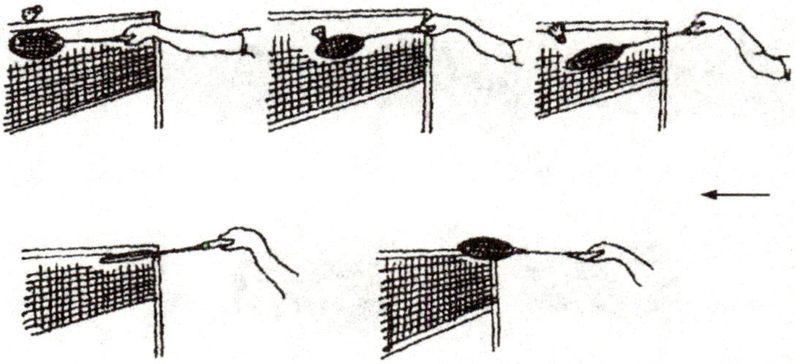

图6－2－8 反手搓球

②勾球。

A. 正手勾球。击球时，靠前臂稍有内旋，并往左拉收，手腕由微伸至内收抖腕，手腕要控制好拍面角度，击球托的右侧下部，使球沿着网的对角飞行至对方网前角落，击球后还原成准备姿势（图6－2－9）。

图6－2－9　正手勾球

B. 反手勾球。移动至左网前，反手握拍，上臂前伸拍子平举。击球时，拍面正对来球，肘部突然下沉，上臂稍外旋，手腕后伸闪腕，拇指与中指向右转动拍柄，其他手指突然握紧拍柄，拨击球托的左侧下部，使球飞越过网至对角处，击球后，球拍往右侧前回收至准备姿势（图6－2－10）。

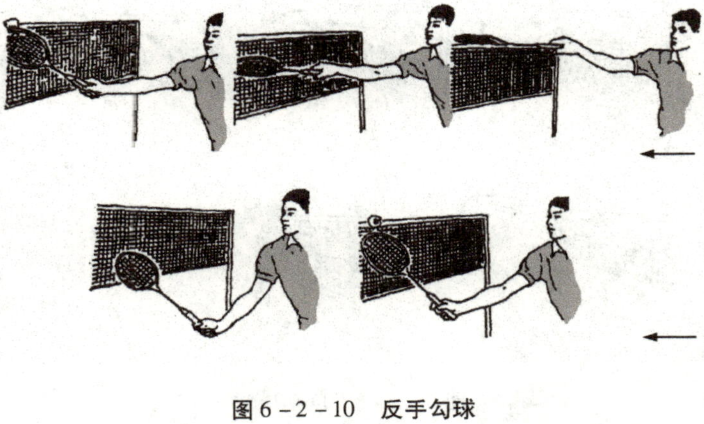

图6－2－10　反手勾球

③挑球。

A. 正手挑球。正手挑球的准备动作与正手放网前球的动作是一样的，击球之前的前臂充分向外旋转，手腕也尽量向后伸展，右脚顺势向前跨出，并将身体的中线落到右脚上。在进行击球动作的时候，从右下向右前方至左上方挥拍击球。在这个基础上，如果球拍向右前上方挥动，挑出的是直线高球，球拍向左前上方进行挥动，挑出的则是对角线的高球，在完成击球动作之后，身体的重心则需要马上恢复到准备的姿势，预备下一次的回击球（图6－2－11）。

图6－2－11　正手挑球

B. 反手挑球。准备动作同反手放网前球。击球前右臂往左后拉屈肘引拍至左肩旁，同时右脚向左前方跨出一大步，重心放在右脚上。击球时前臂充分内旋，手腕由屈至后伸闪动挥拍击球。若球拍由左下向左前上方挥动，则球向直线飞行；若球拍由左下向右前上方挥动，则球向对角线飞行。击球后，身体即刻还原准备姿势（图6－2－12）。

图6－2－12　反手挑球

（2）后场击球。

①后场击高球。

A. 正手高球。该技术需要准确判断出来球的落点和方向，并且接球者迅速移动至相应的位置，使下落中的球处于右肩的上方，同时，侧身的左肩对准球网，重心落在右脚上，右臂屈肘，将球拍举至头顶，眼看来球的方向，当球下落到与球拍顶端相平的位置时，右臂以肘关节为轴，挥动球拍，直至球拍下滑至于地面垂直，停止挥拍，放松握拍的力度。然后蹬地、转体、收腹，同时右脚向前，准备下一次的挥拍（图6－2－13）。

图 6-2-13　正手高球

B. 正手平高球。同击高远球一样，只是在击球的一刹那，用力主要是向前方，使击出的球弧线较低。

②吊球。

A. 正手吊球。击球准备以及前期动作和正手高球一样，仅有的区别就是正手吊球在击球的时候，球拍的拍内侧需要向内倾斜一些，手腕动作也要快速下压，球面与羽毛球的接触的位置使羽毛球球托的底面与球拍相互连接。如果吊斜线球的时候，则球拍的切球与削球之间就可以顺场地向左下方发力了（图 6-2-14）。

图 6-2-14　正手吊球

正手吊球还可分为劈吊、拦截吊和轻吊，这是以球的飞行弧线和击球动作来划分的。

B. 反手吊球。反手吊球的准备动作和反手击高球的动作之间有很大的相似之处，但是在进行击球动作的时候，握拍的方法、拍面的力量以及拍面的掌握方面等都会存在比较大的差异性，在进行吊直线球的时候，用球拍的反面来切削球托的底部，将落点控制在对方左场区的前发球线附近（图 6－2－15）。

图 6－2－15　反手吊球

③杀球。

A. 正手杀直线球。准备姿势与正手击高球相似，不同的是最后用力的方向朝下。在右脚起跳后，身体后仰成反弓后腹部用力，靠腰腹带动大臂、大臂带动前臂、前臂带动手腕，形成鞭打向下用力，球拍正面击球托的后部，无切击，使球沿直线向前下方快速飞行。击球后立即成原准备姿势（图 6－2－16）。

图 6－2－16　正手杀直线球

B. 正手杀对角线球。准备姿势和动作要领与正手杀直线球相同。不同点是起跳后身体向左前方转动用力，协助手臂向对角方向击球。

C. 头顶杀直线和对角线球。与头顶击高球相同，不同点是挥拍击球时，要集中全力往直线方向或对角方向（图 6－2－17）下压，球拍面和击球方向水平面的夹角小于 90°。

图6－2－17　头顶杀直线和对角线球

D. 反手杀球。与反手击高球相同。不同之处是击球前的挥拍用力更大，身体反弓加上手臂、手腕的延伸、外展的鞭打用力，可向对方的直线或对角线的下方用力，击球瞬间球拍与扣杀球方向的水平夹角小于90°（图6－2－18）。

图6－2－18　反手杀球

E. 腾空突击杀直线球。侧身，右脚后退一步准备起跳。起跳后身体向右后方腾起，上身右后仰或反弓形，右臂右上抬，肩尽量后拉。击球时，前臂全速往上摆起，手腕从后伸，经前臂内旋至屈收，同时握紧球拍压腕产生爆发力，向前下击球。突击扣杀后，右脚在右侧着地屈膝缓冲，重心在右脚前；右脚在左侧前着地，利用左脚蹬地向重心。手臂随惯性自然往体前回收（图 6－2－19）。

图 6－2－19　腾空突击杀直线球

2. 击球技术教学

（1）前场击球技术训练方法。

①徒手模仿各种网前技术动作练习。

②多球练习。两名练习者一组，隔网对面站立，一人抛球，另一个做搓球、推球练习。

③方法同上，进行放球、勾球、挑高球练习。

④方法同上，做扑球练习。

⑤多球练习。两人一组做行进间上网搓、推、放球练习。

⑥方法同上，做勾对角、挑高球练习。

⑦方法同上，做扑球练习。

⑧两人一球，隔网站立做搓、放、勾球练习。

⑨两人一球，隔网利用搓、放、勾、扑球技术进行比赛练习。

⑩练习方法同正手网前技术练习方法。

（2）中场击球技术训练方法。

①多做徒手挥拍练习或多球练习。强调前后动作的衔接性。

②根据不同的来球进行准备姿势、拍面角度、力量、动作速度的练习。

③多做以肘为轴，以前臂带动手腕做小幅度的快速挥拍练习，这样有利于体会击球的时机。

④加强对接各种来球的准备姿势移动和手法的练习。例如，多练接杀球练习以训练反应速度和判断能力；体会接杀球技术动作，做平抽练习，两人快带平抽平打，练习动作速度。

⑤采用多球专门练习，提高控制球的能力。

⑥进行握拍的灵活性练习。手腕、手指根据不同来球控制球的力量、角度和方向。

（3）后场击球技术训练方法。

①徒手模仿高远球及平高球、吊球、杀球技术挥拍动作。

②多球练习。两个学练者合作，一人发后场高远球，一人回击后场高远球及直线、斜线平高球练习。轮换进行练习。

③方法同上，后场吊直线、斜线，突出吊球练习。

④方法同上，后场杀直线、斜线球练习。

⑤固定线路练习，两人一球，对打直线高远球、平高球练习。

⑥方法同上，对打高远球、平高球斜线练习。

⑦方法同上，对打高远球，两拍直线，一拍斜线练习。

⑧方法同上，对打平高球，两拍直线，一拍斜线练习。

⑨方法同上，对打高远球、平高球直斜线综合练习。

⑩多球练习，两个人合作，一人发后场高远球，一人回击吊斜线网前球练习。轮换进行练习。

（四）步法技术教学

1. 步法技术分析

（1）上网步法。

①上右网前。如果站位靠前，可用两步交叉步上网（图6－2－20），若站位靠后场，则采用三步交叉跨步的移动方法，即右脚向右前方迈一小步，左脚接着前交叉迈过右脚，然后右腿顺着这一方向跨一大步到位（图6－2－21）。为了快速上网，还可采用垫步上网，即右脚向右前迈一小步后，左脚快速跟进到右脚跟后，利用左脚掌内侧后蹬，右脚向右前跨出一大步（图6－2－22）。

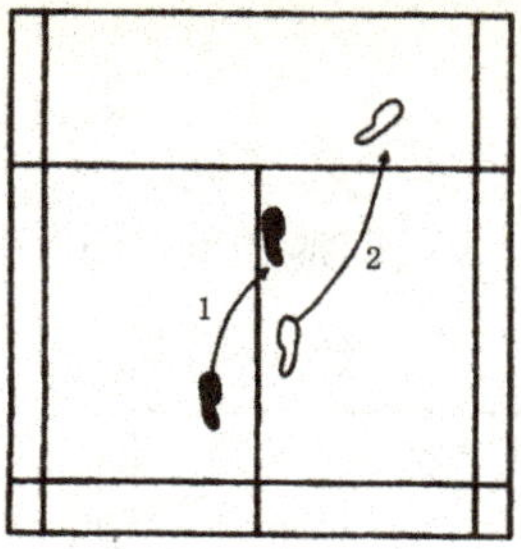

图 6－2－20
上右网前（一）

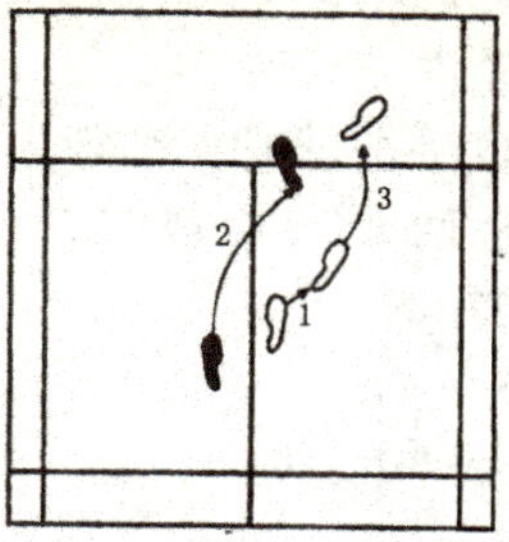

图 6－2－21
上右网前（二）

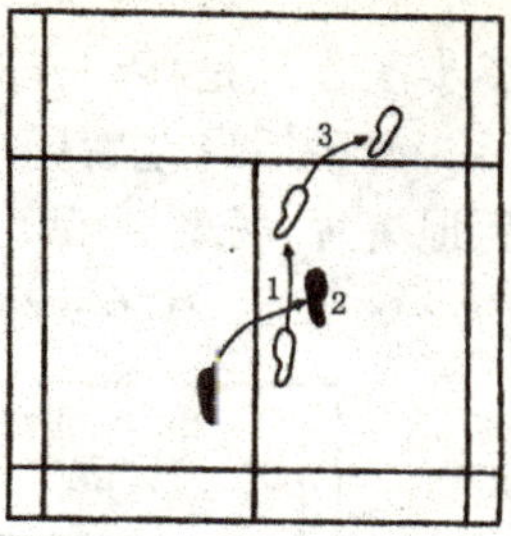

图 6－2－22
上右网前（三）

②上左网前。基本方法同上右网前，只是方向相反。如两步跨步上网（图 6－2－23）。

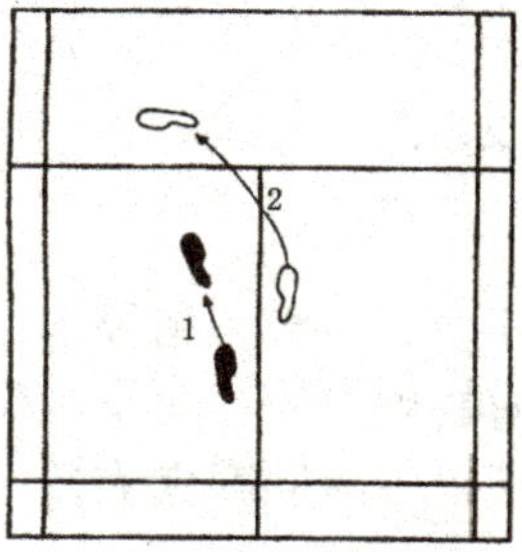

图 6－2－23　上左网前

（2）后退步法。

①正手后退右后场。后退步法一般都用侧身后退，以便于到位后挥拍击球。如果右脚稍前的站位，则先完成右脚后蹬，髋部右后转，成侧身站位，然后采用三步并步后退或交叉步后退（图 6－2－24、图 6－2－25）。

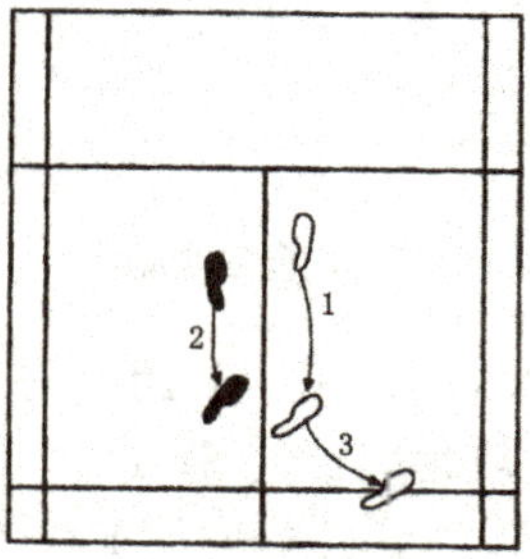

图 6－2－24　三步并步后退

图 6－2－25　交叉步后退

②后退左后场。后退左后场正手绕头顶击球的步法基本同正手后退右后场步法，只是移动方向是向左后而已。

③反手后退左后场。反手击球时，必须先使身体向左后转、背向网，在后退左后场时，无论是两步后退或三步交叉后退都要注意这一点（图6－2－26、图6－2－27）。

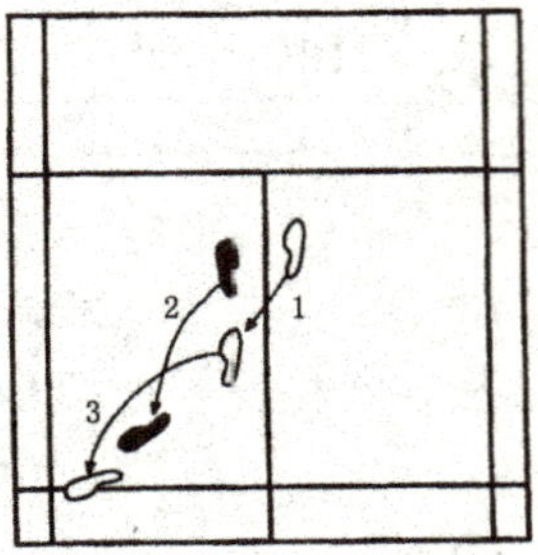

图6－2－26　三步交叉后退

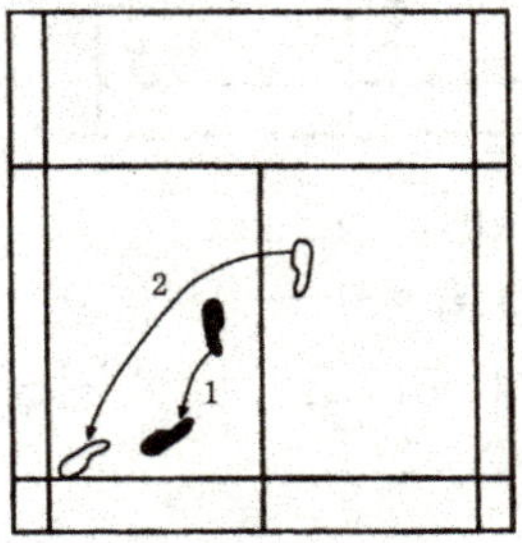

图6－2－27　两步后退

（3）两侧移动步法。

①向右侧移动。两脚开立，右脚跟稍提起，上体稍倒向左侧，左脚掌内侧用力起蹬，右脚同时向右侧蹬跨一大步到位击球。若距来球较远，则左脚可向右垫一小步再起蹬，右脚同时向右跨一大步到位（图6－2－28、图6－2－29）。

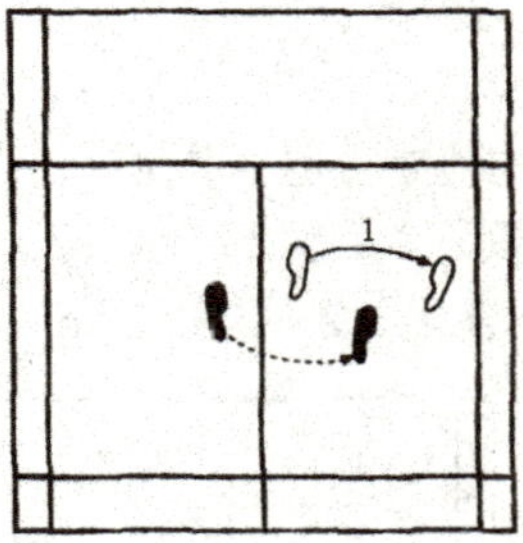

图6－2－28　向右侧移动（一）

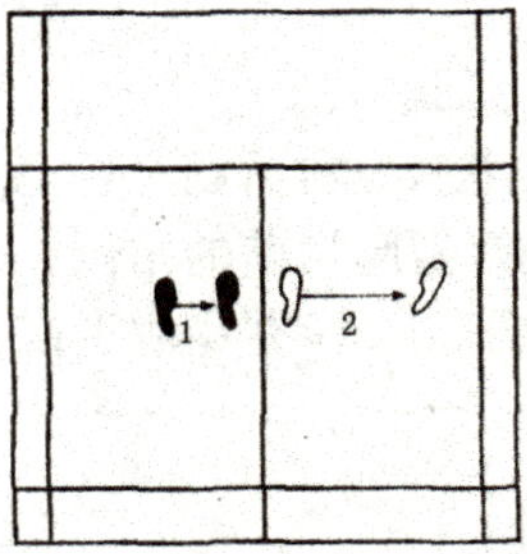

图6－2－29　向右侧移动（二）

②向左侧移动。两脚开立，上体稍倒向右侧，用力起蹬，左脚同时向左蹬跨上步到位击球（图6－2－30）。离球较远时，左脚可先向左移一小步，然后向左转身，右脚向左（前交叉）跨大步（背向网）到位同反手击球（图6－2－31）。

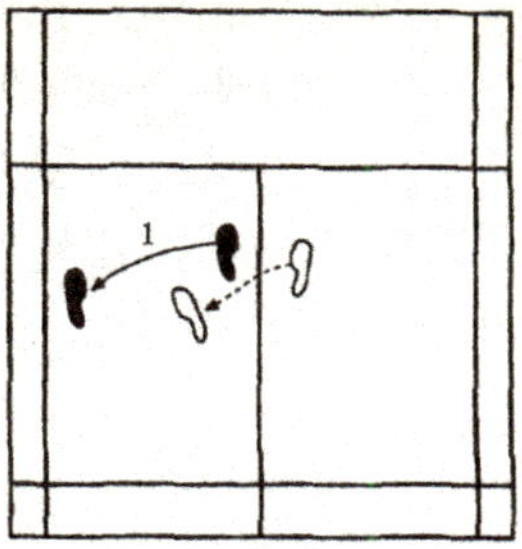

图 6－2－30　向左侧移动（一）

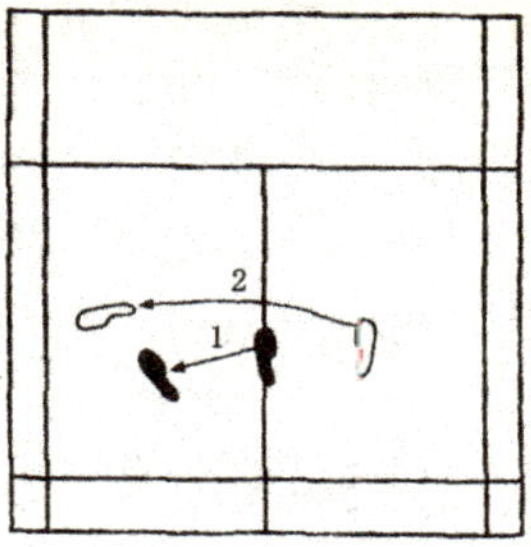

图 6－2－31　向左侧移动（二）

（4）起跳腾空步法。当对方打平高球（弧线较低）球从右侧上空飞向底线时，用左脚向右侧蹬地，右脚起跳，上体向右侧上空腾起截住来球，突击扣杀对方空当；当球从左侧上空飞向底线时，则右脚向左侧蹬地，左脚起跳，用头顶击球法突击。在正手后退步法中，步子到位后，也可以右脚起跳腾空击球。击球后，左脚后摆在身体重心的后面着地，一经制动缓冲，便应立即回动至中心位置（图 6－2－32）。

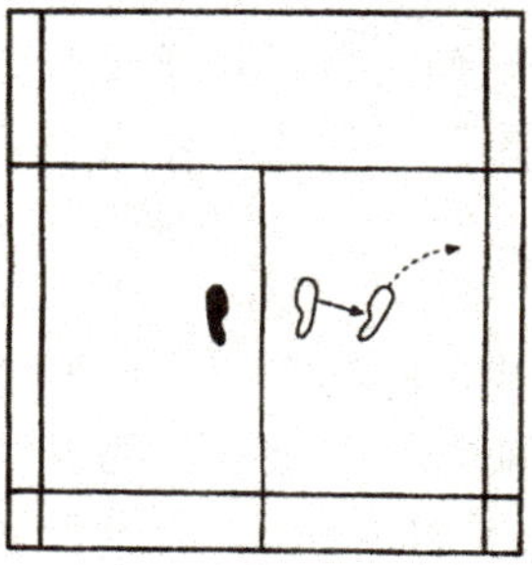

图 6－2－32　起跳腾空步法

2. 步法技术教学

（1）由准备姿势开始，向前后、左右做上网、后退、防守移动步法练习。

（2）两人一组相对站立，一人指挥，另一人做各种移动步法。两人交换。

（3）前场、中场 4 个点各放 1 球，做上网、防守步法。要求步法到位，将球拿过来，放回去。两人一组轮换进行。反复练习。

（4）10 米 ×6 快跑、急停、快退练习。分组进行。

在进行步法的学练时，要求起动、侧身迅速，步法移动到位，回中心快。

羽毛球运动技术种类繁多，比较有代表性的就是无球技术和有球技术，无论何种技术，在进行羽毛球技术训练的时候一定要全面按照每个技术动作训练的方法进行，做到规范性与标准性并存，也只有在学练中严格要求，稳固基本功的练习，切实打好基本技术的训练基础，才有可能取得比较满意的比赛成绩。

二、羽毛球运动战术教学实践

（一）单打战术教学

1. 单打战术分析

（1）单打进攻战术分析。

①发球抢攻战术。发球抢攻战术一般是需要三种发球技术，即发平高球、发网前球、发平快球，无论使用何种发球技术都体现了快与突然性的特点。如果在发球抢攻战术中，发出的球为高远球，那么，对方便会有比较长的时间进行移动，并且有回击高远球或平高球、放网的余地，这样一来，就不能够及时起到“抢”的特点。因此，为了掩盖发球抢攻战术的意图，在应用发球抢攻技术的同时，要根据对方球员的站位以及反应能力等进行灵活选择。

有效地运用发球抢攻战术能够全面有效地打乱对方在这个回合中的战术布置，如果在第一回合就能够打破对方的战术进攻与防守系统，在接下来的比赛过程中就会打乱对方的计划，给对手造成混乱不堪的局面，只能勉强应付。特别是在比赛的关键时刻，发球抢攻战术的应用通常会起到出其不意的效果。

发球抢攻具有非常大的优势，主要是它的突然性。从这个角度来讲，这种战术的运用频率不宜过高，以防队方有心理准备，直接在回击球的时候扑杀，并且在使用的过程中还要注意与后场高远球之间进行良好结合，将对方的注意力全面转移至处理后场的高球上，在这个时候再以抢攻战术来击打对方，能够取得比较好的战术效果。

A. 发网前球抢攻。在发网前球的时候，球的落点一般有三个区域可供选择：1 号位置区、2 号位置区和 1、2 号位置之间区域（图 6－2－33）。

这种发球的战术特点有两个方面：是具有良好的突然性。在对方没有防备的情况下，加上球速较其他方式的网前球要快些，通常会使对手措手不及，造成被动。二是具有良好的稳定性。因为球是冲着对方身体去的，能减少在发球时球出界的状况。

综上所述，我们不难发现，当球员在运用发网前球进行抢攻的时候，所获得的效果很大程度上取决于发球质量的高低，一旦在比赛的过程中抢占了比较好的发球质量，那么，在接下来的比赛环节中就能够有较大优势地控制对方，同时为发球方的抢攻带来比较合适的机会，从而获得进攻的机会，或者直接结束这一回合。

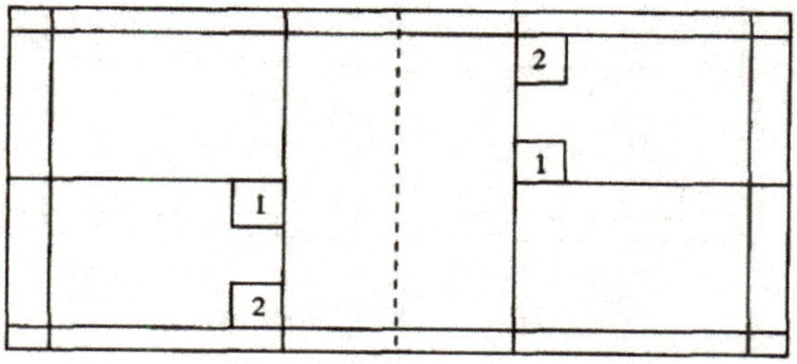

图 6－2－33　发网前球

B. 发平高球抢攻。发平高球抢攻的发球落点主要有三个：3 号位置区、4 号位置区（图 6－2－34）。

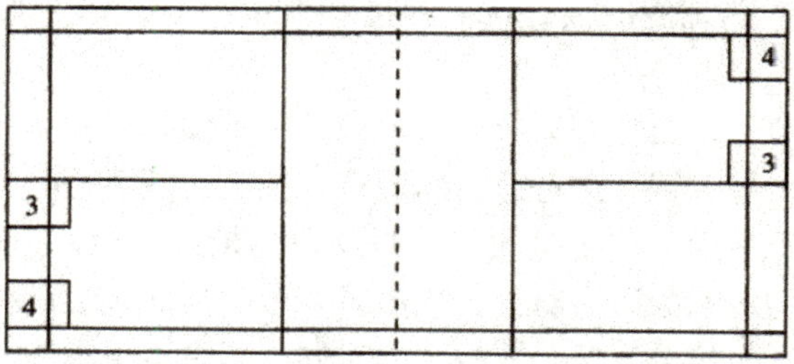

图 6－2－34　发平高球

平高球的飞行弧度与高远球相比较低，球速也比较快。如果能够将平高球与网前球之间进行相互结合的话，就可以进一步增加发球的变化，使对方在接发球的过程中做出多种准备，在发球的过程中还可以通过手腕和手指的用力变化，掩盖发球的力度，躲避对方的扑杀。

C. 发平快球抢攻。发平快球抢攻的发球落点主要在 3 号位置区域（图 6－2－35）。发平快球是以快速、突变的发球方式使接发球方陷于被动。这种发球的目的有三个，具体为以下几点：

一是可以造成偷袭对手的效果。如果对方预判出现失误造成移动迟缓，或站位偏边线时，此时 3 号位置区域的空隙较大，这时通过发平快球进行抢攻成功率较高。

二是可以有意识地逼对方进行平抽快打，同时又可以避免对方在平抽快打中回出角度很大的来球攻击我方边线两角。

三是可以把对方调到后场，此时在网前就会出现一块较大的空隙区域，然后发球方突袭网前，给对方造成被动局面。

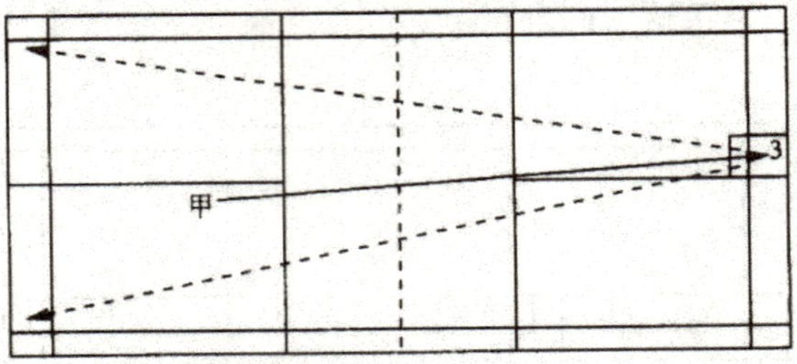

图 6－2－35　发平快球

②接发球抢攻战术。接发球抢攻战术是接发球战术中比较有效的一种战术，这种战术和发球抢攻战术有很大的相似之处，接发球的一方也可以在接发球的环节就率先进行抢攻。当对方的发球质量比较低的时候，一般就是接发球抢攻比较好的时机，比如在发后场高球的时候，离底线还有一定的距离，发往前球的时候，球的弧度相对偏高等，以上种种现象都能够造成接发球抢攻的机会。

接发球抢攻一定要做好充分的思想准备，不要行事鲁莽，全面结合自身的身体条件和技战术特点进行适当的调整。我们应该清楚的是，当对方没有发出高质量的球之后，这正是我们进行返攻的最好时机，这时应迅速启动，运用自己擅长的技术去回击对方，攻击对方最薄弱的关节，积极进行接发球抢攻。但是，在实施接发球抢攻战术的时候，切忌急于求成，一般情况下接发球抢攻并不是一击制胜的，而是要逐渐在比赛的过程中消耗对方的耐心和体力，一旦找到合适的机会，快速发动进攻，扣杀对方，结束比赛。

（2）单打防守战术分析。

①后场底角高远球防守战术。这一防守战术是打高远球至对方后场两个底角，以达到削弱对方进攻、夺回主动权或调动对方前后场移动等目的而采用的一种具有针对性的战术行动。这种防守要求一定要将球打得高远一些，尽量将球的落点控制在对方的底线附近，之所以使用高远球而不是平高球的原因就是平高球通常都是作为进攻而使用的技术，高远球则是在防守的过程中才使用的技术。在一定程度上来讲，高远球在空中停留的时间相对较长，球员也能够在这个时间段内获得更多的时间来调整、回位和反应，在进行高远球对位的时候一定要保持良好的心态，避免焦虑的心理

和恐惧的心理，最终力争通过更加积极的防守，伺机寻求反攻。

②勾网前斜线结合挡网前直线半场球。在防守的过程中使用勾网前斜线球战术是非常有效的战术之一，在这个基础上，将勾网前斜线球和挡网前直线或推半场球之间进行完美的结合，这样就能够使防守战术变得越来越灵活，在一定程度上也能够起到迷惑对手的作用，让对方失去原有的进攻节奏。要想良好地运用这种防守战术，需要防守球员能够在第一时间判断好对方进攻的落点。在对方出手前进行预判，球出手以后快速反应、迅速启动、步法稳健，并且具有灵活多变的手法，打出挡直线结合勾斜线的球，最终为守中反攻奠定良好的基础。

2. 单打战术教学

（1）固定球路训练。固定球的路线就是把两项或者多项击球技术根据战术的要求进行重组，并且反复练习的方法。羽毛球初学者通常会运用这一方法进行简单的战术讨论训练，固定球路训练能够将多种技术结合训练，使动作与动作之间有更多的连贯性，全面提高战术执行时的击球质量。但是这种训练方法一定要与其他方法之间进行良好的配合，只有将多种元素重新组合并构才能够真正保持较高的运动水准。

①高、吊配合训练。

A. 对角高球直线吊球训练法（图 6－2－36）。进行对角高球直线吊球的训练，甲方由右场区发高远球，乙方回击对角高球，甲方也回击一对角高球，乙方吊一直线球，甲方放一直线网前球，乙方挑一直线高球，甲方回击一对角高球，乙方再回击一对角高球，甲方吊一直线球，乙方放一直线网前球，甲方挑一直线高球，乙方回击对角高球，反复进行下去。发球者也可从左边发球，其方法同前。

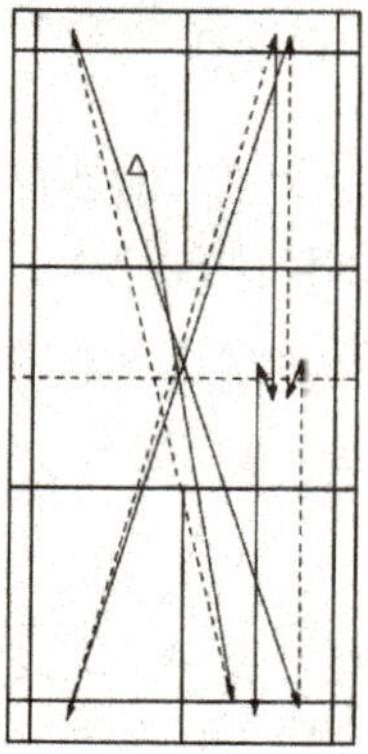

图 6－2－36　对角高球直线吊球训练法

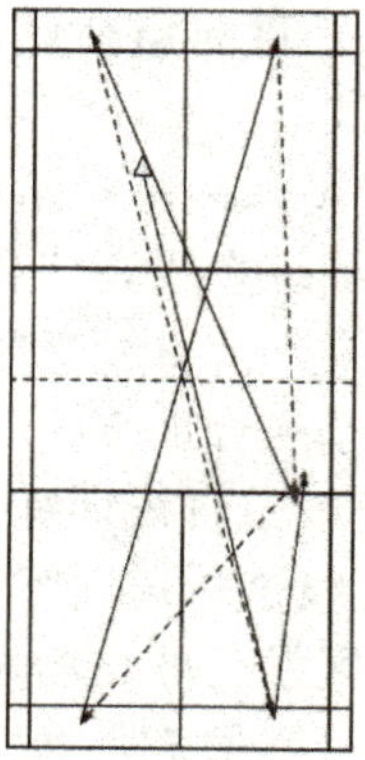

图 6－2－37　对角高球、吊球训练法

B. 对角高球、吊球训练法。如图 6－2－37 所示，甲方从右场区发高远球，乙方回击对角高球，甲方吊对角线球，乙方挑直线高球，甲方回击对角高球，乙方吊对角线球，甲方挑直线高球，反复进行下去。发球者也可从左边发球，其方法和顺序也是一样的。

C. 直线高球对角训练法（图 6 – 2 – 38）。当运动员进行直线高球对角训练的时候，双方都可以同时训练直线高球和对角吊球两种，也可以对上网、放网以及直线挑高球进行训练，甲方击出一个直线高球的时候，乙方也需要同击直线高球，甲方回击直线高球，乙方吊对角球，如此往复循环，练习者的失误就会明显下降，因为在训练的过程中练习者对所有来向的球以及不同路线的球都已经进行了练习。

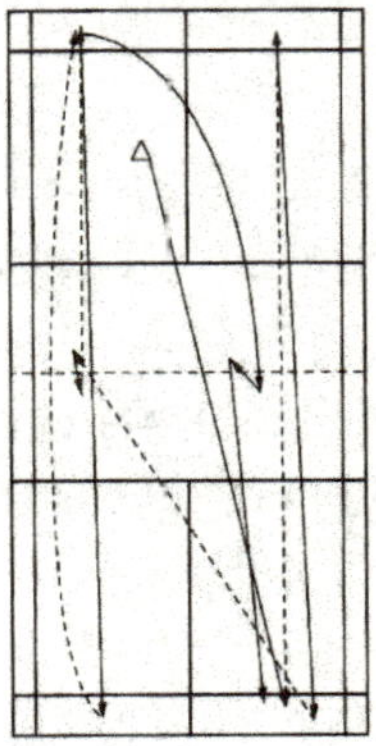

图 6 – 2 – 38　直线高球对角训练法

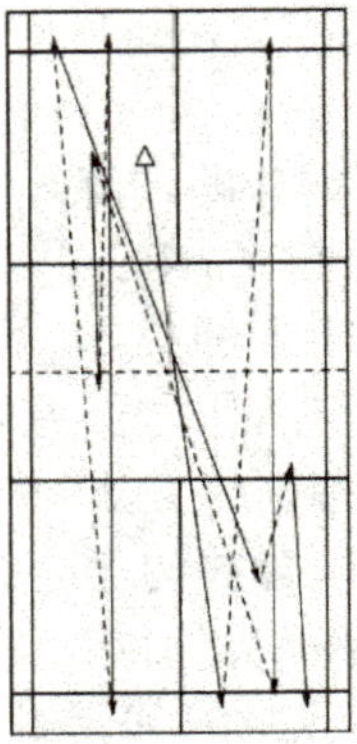

图 6 – 2 – 39　直线高球和杀对角球训练法

②高、杀配合训练。

A. 对角高球直线杀球训练。训练时所采用的球路与对角高球直线吊球训练法相同。

B. 对角高球对角杀球训练。训练时所采用的球路与对角高球对角杀球训练法相同。

C. 直线高球和杀对角球训练法（图 6 – 2 – 39）。训练时，两名练习者也可同时训练直线高球和对角杀球，以及挡球和挑球练习。练习的具体球路与前面讲到的直线高球结合对角吊球练习相同。

③吊、杀配合训练法。

A. 吊直线杀直线训练法（图 6 – 2 – 40）。

B. 吊直线杀对角训练法（图 6 – 2 – 41）。

甲在右区发高球，乙先吊直线球，甲接吊挑直线球，乙杀对角球。这样训练一方可练吊杀，练一段时间后交换，双方均可练到吊杀和接吊杀。

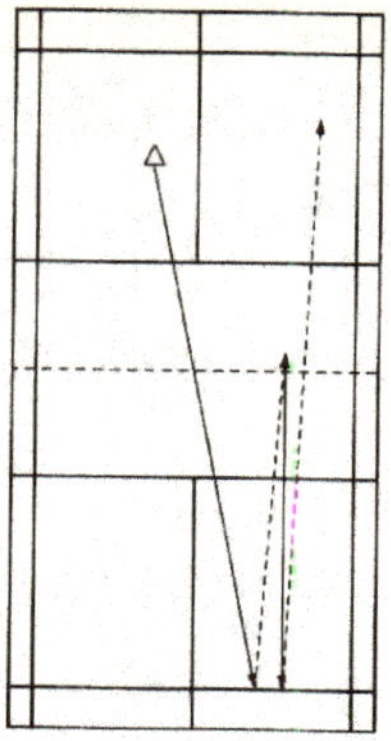

图 6－2－40　吊直线杀直线训练法

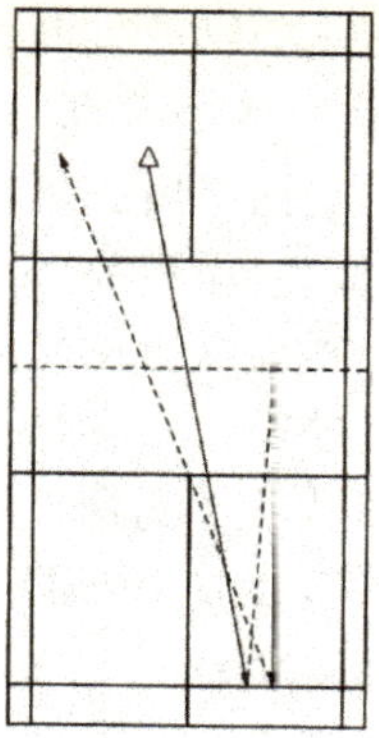

图 6－2－41　吊直线杀对角训练法

C. 吊对角杀直线训练法（图 6－2－42）。

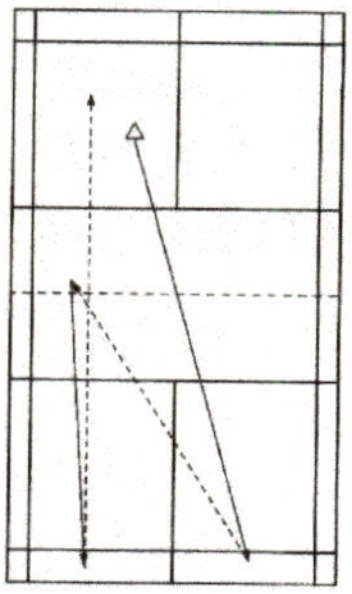

图 6－2－42　吊对角杀直线训练法

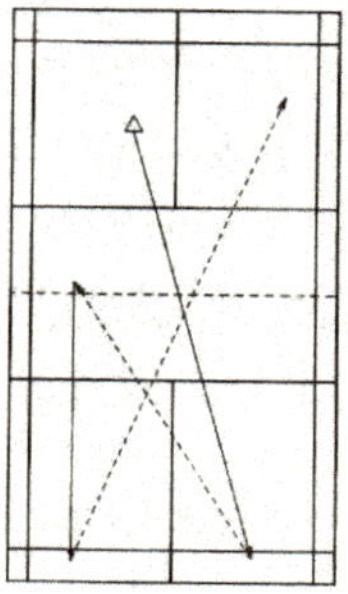

图 6－2－43　吊对角杀对角训练法

D. 吊对角杀对角训练法（图 6－2－43）。

上述列举的实例都是以挑球一方以挑直线球来介绍的。而在实际的练习当中可根据训练需要设定固定球路的组合方式。

（2）不固定球路训练。

①不固定高吊训练法。不固定高吊训练法是高吊训练中的高级阶段练习方法。这种练习法主要以“二点打四点”或“四点打二点”的方式进行练习，运动员主要是在自己球场侧的中心点上前后左右两边移动，采用高球或者吊球的方式来控制对方的走向和站位，而对方球员只能将球回击至运动员一方后场的两边。从这个角度来讲，这是训练运动员高吊手法一致性的重要途径之一。对两点打四点的高吊运动员来讲，这绝对是一种提高其控制全场能力的方法。这种训练对于运动员的判断、反应以及移动等能力的提升都具有不可估量的作用。

②不固定高杀训练法。

A. 高杀对接高杀抢攻训练法。参训运动员都可以采用最高杀球训练，这是一种强攻训练法，既练高杀技术也练抢攻意识。

B. 高杀对接高杀训练法。参加训练的运动员可以任意打高球，在来回高球多于三拍之后，可以寻找恰当的时机与扣杀相结合。如果对方打高球接高杀球者，还需要还击高球，如对方打杀球，可挡直线或对角网前，运动员可上网放网，接高杀者再挑至底线高球。反复训练，这种训练一方是采用高杀进攻，一方是接高杀全场防守。

③高、吊、杀配合训练法。这种训练属于高水平训练，一般只有当运动员的基本功和战术素养基本形成后才会采用这种不固定球路的训练。

（3）多球训练。

①多球对练法。参训运动员可根据需要取 2 ~ 4 只球，当失误时，不用去拣球，而将手中的球再发出去，以使训练时间和击球次数得到增加，这种训练方法使强度和密度得到增加。

②多球训练法。所谓的多球训练就是参加训练的运动员需要通过回击两个或者两个以上的球来达到训练的目的。参加训练的运动员可以是一个人也可以是两个人同时进行。在进行该项训练的时候需要取一箱球进行多球训练，可以根据训练的要求，采用不同的路线和组别、个数等，由教师发球给练习者，练习的过程中应该保证每组不超过五个人，每个人练习的球数不少于 15 个，以此来保证练习的效果。

（二）双打战术教学

1. 双打战术分析

（1）双打进攻战术分析。

①发球战术。在羽毛球比赛中，双打比赛通常要比单打比赛更加激烈，节奏也会更快一些，因此在羽毛球的双打比赛中，每一次的回击球和进攻球都有可能决定比赛的胜负。在双打比赛的过程中，发球的作用是非常大的，如果第一次发球质量比较高，那么，在接下来的比赛回合中就会占据很大的优势，进攻一方要运用自己擅长的进攻技战术进行比赛，防守一方则需要根据对方的进攻技战术特点来调整自己的防守策略。

②接发球战术。接发球可以用“快、稳、变”这三个字来形容其宗旨。

快，是争取主动的关键。如果接发球落点、稳定、线路俱佳，唯独没有快，那即便前几个要素再好也很难在前几拍争得主动权。

稳，是取胜的前提。因为在接发球上如果不稳，失误率就高，如此便得不偿失的让对方轻松得分。

变，在一定程度上讲是取得比赛胜利的重要保证，如果对方的发球质量比较低，我们则需要用尽全力，发挥速度与力量的优势，将回球的落点控制在对方不经常想到的位置，这也就是我们经常所讲的逆思维回球。如果对方回球的质量比较高，那么我们就可以先运用自己的技战术将对方的高质量发球化解，在这个基础上找回自己进攻或者防守的节奏。

③第三拍战术。在隔网的小球运动中，前三拍属于争夺胜负的关键阶段，我们除去前面提到的发球与接发球之外，第三拍在羽毛球比赛中所占的地位是非常重要的，无论是从技术层面还是从战术层面，第三拍的回球质量好坏直接决定了接下来比赛的走向，在第三拍挥拍之前就要做好相应的心理准备，具体包括力度、角度等，第三拍如果有较好的回球质量，则是扭转被动局面的最好时机。

④根据对方站位形式决定进攻战术。在真正的比赛过程中，对方的站位是在实时变化的，因此，进攻一方还可以进一步根据对手的站位状况进行战术的选择。对方站位的同时一定会有利于其自身战术能力的发挥，在我们明确了对方站位的目的以后，就相当于真正掌握了对方进攻或者防守的真正意图，我们就可以采取相应的战术对对方的薄弱环节进行扣杀或放网。

例如，对方把球打到我方左后场区域位置，对方的两名运动员中，甲1的防守能力强，甲2的防守能力弱一些，在防守的时候甲1一般会主动地移向甲2这一边，如果我们这一方在进攻的时候，仍然遵照进攻中路的战术原则时，正好合乎对方的防守习惯，把球的攻击点落在防守能力比较强的甲1身上，这是非常错误的选择，我们需要做的就是要针对对方防守的弱点进行攻击，以图6－2－44两位防守队员的站位来讲，最恰当的站位点就是靠近甲2所站区域的位置，也就是图中浅色阴影的区域部分，深色阴影区域表示不合理的攻击区域。

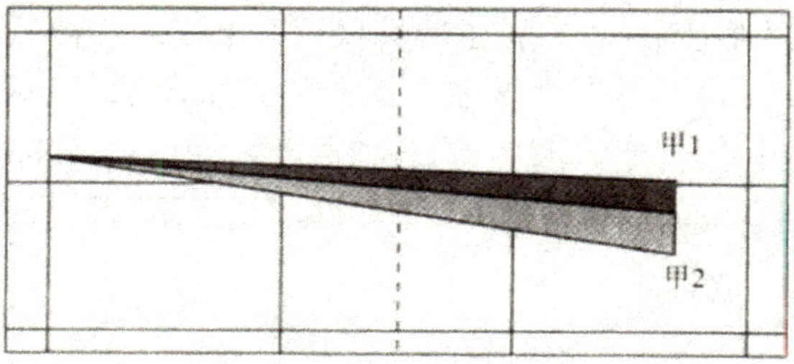

图6－2－44　攻击区域（一）

在中路进攻的战术运用中，回球的落点应与对手当时的站位以及击球落点共同决定的，下面我们举例来说明，对方的甲1或甲2球员，他们在接到我方的进攻球以后，肯定会选择把球挑到我方的右场靠近边线的位置，挑球之后的站位也一定会与我方的击球者站成一条直线，如果这个时候杀球的落点同样还落在中线的位置，即图中深色阴影区域的部分，就很难达到中路进攻的战术目的，这时我们应该选择将球扣杀在中线稍微靠左一边的位置，即图中浅色阴影区域的部分。

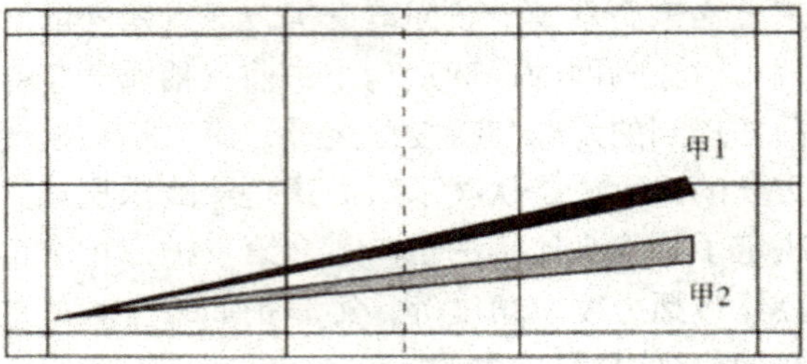

图 6-2-45　攻击区域（二）

⑤针对对方打法特点决定进攻战术。在比赛的过程中具体的进攻方式要根据对手的打法来决定，并不能根据自己的打法习惯来决定。例如，当对方两人都是防守能力比较强的队员时，这个时候就可以攻击对方的薄弱点，即以诱攻和防守为主，找到最佳的机会，进行反击。这种类型的对手通常采用的战术是接我方的杀球挑后场底线或接杀吊网前小球。因此，我方在选择进攻战术之前一定要做好充分的心理准备，做好持久战的准备，进攻越沉稳、越持久就越能攻破对方的心理防线，所以攻方要多采用吊杀与杀吊结合的战术，稳扎稳打，找准机会进行重杀或采用杀大对角轮攻战术。通常情况下，防守一方的防守肯定会出现一些漏洞，进攻一方每次进行扣杀或放网，胜利的希望就会多一分。

杀速度快、落点近网的球时，要求对手在接杀球的时候必须迅速向前移动，通过挑球把球救起。我方在短杀之后再杀一个长球（长球是指比较平的杀球，球从肩上擦过，落在后场底线位置），这种一长一短的杀球（图 6-2-46），如果对方手法差、反应慢的话就会造成防守上的漏洞，甚至出现失误。

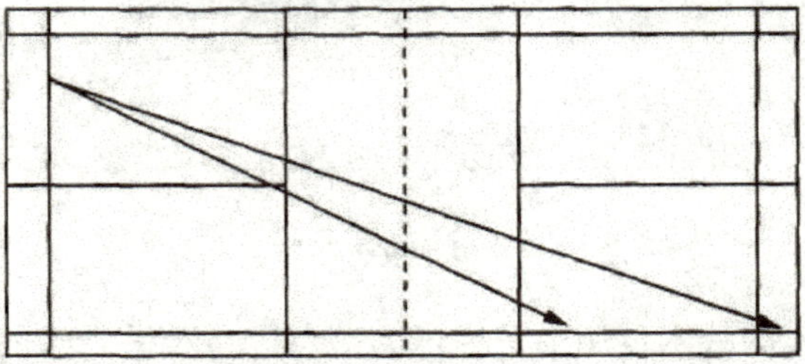

图 6-2-46　一长一短杀球

（2）双打防守战术分析。

①进攻方在攻击时的站位漏洞。在防守的过程中，一定要注意来球的回接动作，尽量避免防守的漏洞，抓住对方进攻的失误，适时反击，在实战中可能出现以下几种双打的防守实例。

A. 如果甲1从左场区进攻直线球，两人前后站位，其同伴甲2准备采用网前封直线球，这时进攻方站位的薄弱区域容易出现在对角网前和对角后场（图6-2-47）。

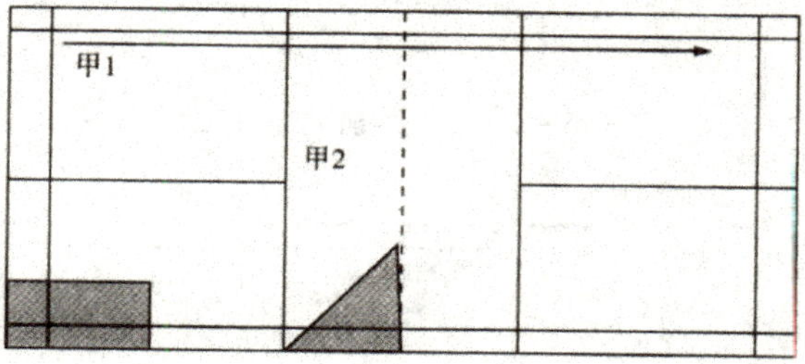

图6-2-47　薄弱区域（一）

B. 如果甲1从右场区进攻直线球，两人前后站位，其同伴甲2准备采用网前封直线球，这时进攻方站位的薄弱区域容易出现在对角网前和对角后场（图6-2-48）。

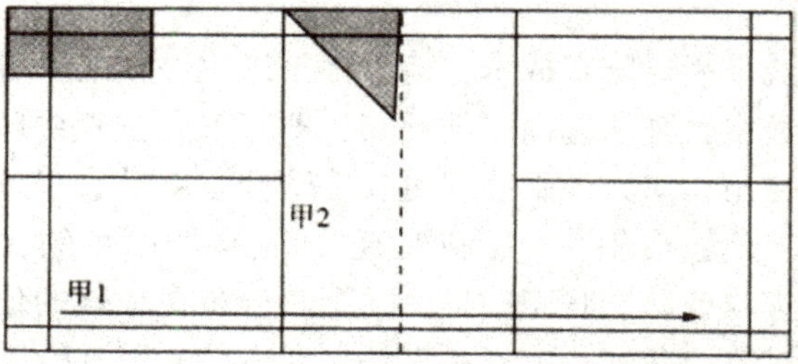

图6-2-48　薄弱区域（二）

C. 如果甲1从右场区进攻斜线球，两人前后站位，其同伴甲2准备采用网前封直线球，这时进攻方站位的薄弱区域容易出现在对角网前和直线后场（图6-2-49）。

D. 如果甲1从左场区进攻斜线球，两人前后站位，其同伴甲2准备采用网前封直线球，这时进攻方站位的薄弱区域容易出现在对角网前和直线后场（图6-2-50）。

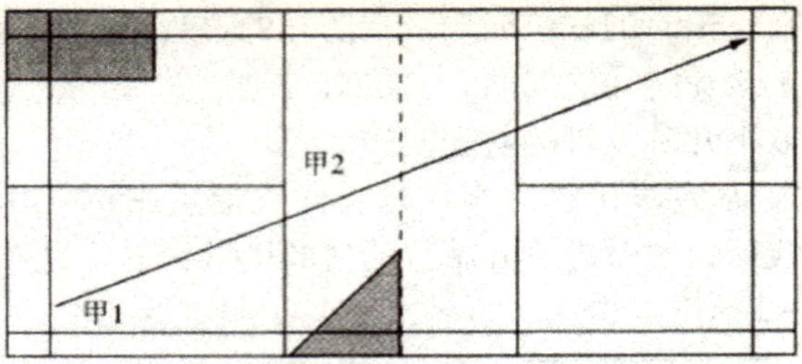

图 6-2-49　薄弱区域（三）

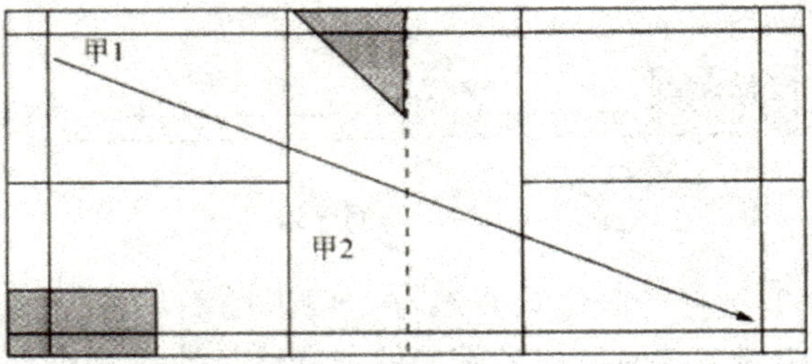

图 6-2-50　薄弱区域（四）

②挑两底线平高球防守战术：将球挑至进攻一方的后场区，在现实的比赛中，我们通常会默认遵循以下规则，即若对方打直线球来进攻，防守方就挑斜线的对角，对方打斜线球进攻，防守方就挑直线球，这也就是我们通常所讲的“逢直变斜”“逢斜变直”。这样做的目的就是能够让对方在不断地找球进攻或防守状态中进行比赛，很难在最佳的位置找到合适的击球点，盲目进攻，防守一方就可以利用对方的漏洞进行反击。

③对对手采用诱攻再反拉斜线平高球防守战术。当我们处于被动状态的时候，首先需要做的就是要将球打到对方的右后方，使得对方球员在右后场区进行击球进攻，然后再斜线挑球至对方的左后方，这在一定程度上讲是获得主动权的防守战术，也就是让对方先进攻，然后通过防守使得进攻一方扩大移动范围，消耗对方的体力，抓住对方进攻的漏洞，适时进行反击，这是在女子双打战术中最为常用的战术之一。

2. 双打战术教学

双打战术教学就是两名球员通过两人之间的相互配合来达到全面发挥自身技术能力的目的，再加上双方之间默契的配合，通过协作来争取比赛的胜利。

双打战术的发挥与个人的竞技状态有很直接的关系，羽毛球的双打战术训练通常会依赖单打战术的训练方法。其中，在单打战术训练中比较常用的多球训练法和多球对练法也是比较常见的战术训练方式。单从多人战术陪练训练法来讲，双打战术与单打战术之间也有非常大的区别，在双打训练中通常会采用三对二训练攻守，在某些特殊的情况下甚至会增加至四对二，二人训练反防守，这是一种全面提高反防能力的训练方法。在我们采用三二式前后站位陪练方法的时候，进攻一方为三个人，其中一人在前，两人在后，防守方为两人，这样做的目的就是能够全面加强防守人员对于防守策略的理解与运用，除了以上几种训练方式之外，实战训练的方法也是全面提高双打战术能力的重要途径之一。

参考文献

［1］金钦昌．学校体育学［M］．北京：高等教育出版社，1994.

［2］李秉德．教学论［M］．北京：人民教育出版社，1991.

［3］陈玉琨．课程改革与课程评价［M］．北京：教育科学出版社，2001.

［4］何培森，王京琼．高师体育教育专业实施素质教育的研究［J］．湖北体育科技，2001（02）．

［5］黄竹杭，王方．足球训练设计［M］．北京：高等教育出版社，2010.

［6］宋会君．学校体育学课程内容的完善与优化研究［J］．北京体育大学学报，2003（05）．

［7］邓运龙．训练观念及其导向功能［M］．北京：北京体育大学出版社，2005.

［8］王润平．体育教育专业培养目标与课程设置的比较研究［J］．内蒙古师大学报（自然科学汉文版），1997（03）．

［9］孙光华，秦光樵．足球教学与训练［M］．重庆：西南师范大学出版社，1993.

［10］佘曦，陈滔，许永德．羽毛球男双技战术特征分析［J］．体育学刊，2013（02）．

［11］李林，杨迎天．对现行学校体育学教材体系及内容的思考［J］．北京体育大学学报，2002（04）．

［12］李国艳．我国高校高水平足球队现状及其发展对策研究［J］．辽宁体育科技，2008（5）．

［13］李祥．学校体育学［M］．北京：高等教育出版社，2001.

［14］刘建敏，王学先，尹建业，苏海燕．大学体育与健康［M］．北京：现代教育出版社，2012.

［15］钟启泉．现代课程论［M］．上海：上海教育出版社，1989.

［16］张力为，毛志雄．运动心理学［M］．上海：华东师范大学出版社，2008.

［17］田麦久．运动训练学［M］．北京：高等教育出版社，2005.

［18］朱伟强．体育教学设计［M］．上海：上海科学普及出版社，2004.

［19］王超英，刘胜，贾鹏．对《学校体育学》课程内容实践性的探析［J］．武汉体育学院学报，2004（06）．

［20］钟秉枢．奥运战略目标的实现与竞技体育发展模式的转型［J］．北京体育大学学报，2013（11）．

［21］史贵名．创新教育在体育院校足球教学中的应用研究［D］．东北师范大学，2009.

［22］张莉清，宋子玉．2014 年全国羽毛球后备人才培养状况调查［J］．成都体育学院学报，2014（10）．

［23］许乙红．我国优秀羽毛球运动员网前搓球技术生物力学分析［D］．湖南师范大学，2011.

［24］熊川武，江玲．理解教育论［M］．北京：教育科学出版社，2005.

［25］刘珺．浅析羽毛球网前击球技术［J］．科教导刊（中旬刊），2011（11）．

［26］李吉慧．现代足球训练理论与实践［M］．北京：人民体育出版社，2008.

［27］毛振明，赖天德．解读中国体育课程与教学改革［M］．北京：北京体育大学出版社，2006.

［28］黄汉升，季克异．我国普通高校体育教育本科专业课程体系改革的研究［J］．体育科学，2004（03）．

［29］杨文轩．体育概论［M］．北京：高等教育出版社，2005.

［30］许世云，王哲．羽毛球正手打后场高远球的技术内涵和要点分析［J］．运动，2010（10）．